KB048488

사람은
사람으로
사람이
된다

사람은
사람으로
사람이
된다

마음의 병을 앓은 정신과 의사가
힘든 인생들을 위해 쓴 치유 관계학

나쓰카리 이쿠코 지음
홍성민 옮김

누군가로부터 상처를 받아 마음이 힘들고

인생이 힘들어진 이들에게, 이 책을 통해

'사람이 사람에게 받은 상처를 극복하고 회복한다는 것은

어떤 것인지에 대한 답을 줄 수 있다면' 하는 바람으로

이 책을 썼습니다.

돌아보면
누군가 힘이 되어주었다

정신과 치료를 받던 환자가 정신과 의사가 되었다.

'아니, 세상에 그런 사람이 있나?' 하고 깜짝 놀랄 것이다. 그렇다, 내가 '그런 사람'이다.

이 책은 중증 정신병에 걸린 어머니 밑에서 성장해 청년기에 정신과 치료를 받았고, 이후 정신과 의사가 된 내 이야기다. 그리고 인생이 절망뿐일 때 나에게 힘이 되어준 사람들과의 이야기다.

'마음의 병'은 누구라도 인생 어딘가에서 한 번쯤 만나게 되는 병이다. 자신뿐만 아니라 소중한 가족, 절친한 친구에게 찾아올 수도 있다. 그렇게 누구라도 마음의 병을 얻을 수 있다.

인생의 어느 자락에서 자신이나 가족이 마음의 병에 걸렸을 때, 어떻게 회복할 수 있을까.

나는 많은 사람의 도움으로 치유할 수 있었다. 그래서 이제부터 그들의 이야기를 하려고 한다.

인생은 기본적으로 불공평하다. 가혹한 인생을 걸어온 사람은 행복한 인생을 보낸 사람들 특유의 눈부시게 천진한 웃음을 갖기 어렵다. 가혹했던 체험은 그 사람의 외모와 인격에도 어두운 그늘을 드리운다. 자신이 초래하지 않은 일들임에도 그의 삶에 계속해서 나쁜 영향을 미친다.

'왜 이렇게 내 인생에는 불공평한 일들만 일어날까…. 왜?'

그때는 간절한 마음으로 하늘에 물어도 아무런 답을 얻을 수 없었다. 적어도 나의 경우는 그랬다.

내 불공평한 인생은 엄마의 정신병 발병과 동시에 시작되었다. 20대의 나는 극단적인 심정이 될 때도 있었다. 한때는 내 삶에 불공평을 제공한 원흉들을 제거하고 나도 목숨을 끊어버리면 된다고, 그렇게 가족의 흔적을 없애버리면 된다고 생각하기도 했다.

그렇게 그 즈음의 나는 가방에 늘 식칼을 넣고 다녔다. 왠지 모르게 칼을 갖고 있으면 안심이 됐다. 그러나 나는 부모님을 죽일 수 없었고, 결국 칼끝은 나 자신에게 향했다.

두 번의 자살 시도가 모두 실패했을 때, '살아서 다행'이라는 생각은 조금도 들지 않았다. 내가 저지른 행동으로 인해 주위 사람들의 일상을 엉망으로 만들어버렸다는 심한 죄책감에 시달리며 세 번째 자살 시도는 엄두도 내지 못하고 그냥 넋이 나간 채 몇 년을 보냈다.

살인과 자살 사이에는 겨우 종이 한 장 정도의 차이만 존재한다는 것을, 나는 겨우 20대에 뼈저리게 느끼고 있었다.

암흑과도 같은 삶에 전환점을 만들어주고, 책을 쓸 수 있을 만큼 내 마음을 치유해 주고, 구원해 준 것은 내 주위의 보통사람들이었다. 그들은 높은 지위에 있거나 내세울 만한 특별한 자격이 있는 사람들도 아니었다. 그저 내 곁에 있던 평범한 사람들과의 만남이 나를 다시 보통사람으로 만들어주었다.

그들이 나를 진심으로 대해주고 이야기를 들어준 덕분에 나는 다시 건강을 되찾을 수 있었다. 내 밝지 않은 인생 이야기를 열심히 들어주는 사람이 있었기에 어둠에서 걸어 나와 회복할 수 있었다. '사람의 힘'이 약으로도 치료하지 못한 나의 굳은 마음을 조금씩 풀어주었다.

한 인간에게는 너무하다 싶을 만큼 많은 일이 내 인생에 일어났다…. 이렇게 잠시 나빴던 일만 떠올렸다. 하지만 지금은 기분 좋게 하루를 보내고 인생을 긍정하며 살아갈 수 있게 되었다. 사람이 회복하는 데 딱히 정해진 시기는 없었다.

이 책을 쓴 이유

장애가 있는 사람에 대한 세상의 편견과 오해는 여전히 강하다. 그러나 나는 장애란 불편하고 부자유스러운 것일 뿐 끝없이 불행한 것만은 아님을, 나의 엄마와 지금까지 만난 환자들, 그 가족들을 통해 배웠다.

　마음의 병으로 가혹한 경험을 한 사람들이 각자 자신의 인생을 당당하게 살아가고 그 가족도 행복해진다면, 그런 편견과 오해도 점점 사라질 것이다.

　장애가 있다고 해서 무조건 불행한 것은 아니며 장애가 있어도 행복한 삶을 살 수 있다는 것을 많은 이들이 보여주어야만 한다.

　우리 주위에는 용기와 신념을 갖고 그런 인생을 보여주기 위해 노력하는 사람들이 많다. 그들은 아무리 가혹한 환경에서 성장했어도, 그로 인해 자신의 인격이 엄청난 영향을 받았다고 해도 다시 행복을 추구할 수 있고 반드시 행복해질 수 있다는 것…, 그런 사실들을 나에게 가르쳐주었다.

　나는 정신과 의사다. 발달장애 어린이를 치료하고 지역 주민의 건강을 살피고 있다. 우리 진료소에 오는 환자 중에는 가족 문제에 얽히고설킨 번뇌에 사로잡혀 끝없이 가족을 미워하고, 그런 자신에게 혐오감을 느끼면서 자존감과 자신감을 상실한 사람들이 많다.

무엇이 이들에게 살아갈 의욕을 가져다줄 수 있을까.

정신과 의사로서 말할 수 있는 사실이 있다. 그 정답은 약이 아니라는 것이다. 한 사람이 경험한 기억과 감정까지 '완전히 없었던 것'으로 만들어줄 수 있는 약은 세상 어디에도 없다.

어느 날, 한 환자가 내게 "선생님은 인생에서 가장 힘이 되었던 게 뭐였어요?"라고 물었다. 그때 나는 "내게 힘이 되었던 것은 약도 아니고 의사도 아니에요. 그건 바로 사람과의 관계였어요" 하고 대답했다. 사람에게 받은 슬픔도, 사람과의 관계에서 생긴 미움과 허무함도, 결국은 '사람과의 관계'를 통해 회복되었다.

내가 가진 마음의 병을 치유하고 회복할 수 있게 도와주었던 '소중한 사람들'을 소개하고 싶어 나는 이 책을 썼다. 누군가로부터 상처를 받아 마음이 힘들고 인생이 힘들어진 이들에게, 이 책을 통해 '사람이 사람에게 받은 상처를 극복하고 회복한다는 것은 어떤 것인지에 대한 답을 줄 수 있다면' 하는 바람으로 이 책을 썼다.

지금 이 책을 읽는 여러분도 인생에서 소중한 사람들을 만나 마음의 병을 극복하고 다시 누구나 가질 수 있는 행복한 인생을 누리며 살아가기를 간절히 소망한다.

이 책을 쓴 이유

1장
환자의 가족으로 어린 시절 만난 사람들

3장

사람의 마음을 살리는 의사로 살게 해준 사람들

환자의 가족으로,
환자로,
정신과 의사로서의 삶을 통해 얻은 깨달음

내 인생은 철인3종경기

'거북 씨'라는 별명을 가진 한 친구가 나에게 "나쓰카리 씨는 정신병을 앓는 환자의 가족이자 정신병을 앓는 자신인 동시에 정신과 의사라는 철인3종경기를 뛰는 사람이군요"라고 말한 적이 있다.

그 친구는 30여 년 넘게 조현병을 앓고 있었다. 그렇게 오랫동안 힘든 병과 싸우고 있는 사람의 눈에도 내 인생이 철인3종경기처럼 힘겹게 보인 걸까….

이제 내 인생을 흔들어버린 우리 가족을 소개한다. 그리고 엄마, 나, 아버지의 인생을 돌아본다.

엄마는 나를 낳기 전인 23세에 처음으로 정신과 진찰을 받았다. 60년도 더 된 일이다. 진료차트는 아직 남아 있지만 통원일과 이름만 적혀 있을 뿐, 자세한 사항은 기록되어 있지 않다.

정신과에 대한 당시의 사회적 편견을 생각하면 엄마가 직접 병원을 찾아가기까지는 큰 용기가 필요했을 것이다. 그럼에도 정신과 문턱을 넘을 만큼 증상 역시 심각했을 것이다.

그 후 조금 안정이 된 엄마는 정신질환 사실을 숨기고 아버지와 결혼했다. 그리고 3년 후 나를 낳았다. 엄마는 병약해서 나를 낳고 나서부터는 앓아누워 있을 때가 더 많았다. 내가 두 살이 지났을 무렵, 엄마는 결핵에 걸려 병원에 입원했다. 엄마가 입원해 있는 동안 아버지는 나를 큰아버지 집에 맡겼고, 그 사이 아버지에게 애인이 생겨 엄마가 퇴원한 후에도 두 사람 사이는 예전 같지 않았다.

그렇게 불행한 결혼생활은 엄마의 병을 재발시키고 말았다. 나는 다섯 살이 되어서야 큰아버지 집에서 돌아왔는데 어린아이의 눈에도 엄마의 정신이 조금씩 무너지는 것을 알아챌 수 있을 정도였다. 엄마는 사람들과의 접촉을 피해 온종일 방안에서 책을 읽었고 집안일에는 손도 대지 않았다. 시간이 흐를수록 엄마의 가출과 자살미수가 끝없이 반복됐다.

그런 엄마를 두고서는 나도 마음 놓고 친구 집에 놀러 갈 수조차 없었다. 그러다 보니 어느덧 내 주위에는 친구가 하나 둘 사라져 어느새 친구가 한 명도 없는 아이가 되었다.

집에 거의 들어오지 않는 아버지는 엄마의 병을 제대로 이해하지 못했기 때문에 병원에 데려간 적도 없었다. 엄마의 증상이 점점 진행되어 정신착란 상태에 이르렀을 때야 아버지는 엄마를 묶어서 정신병원에 데려갔고 엄마는 그날 바로 입원해야 했다.

퇴원 후에도 엄마의 증상은 좀처럼 개선되지 않았고 재발을 거듭했다. 그렇게 툭하면 다시 입·퇴원을 반복하는 날들이 계속됐다. 어느 날, 아버지는 더 이상 말은 필요 없다는 듯 엄마를 친정으로 내쫓고 이혼하고 말았다. 나는 아버지를 따라갔고, 아버지는 곧 재혼해서 새 가정을 꾸렸다.

엄마와 따로 살기 시작한 이후 오랜 시간이 흐르고 다시 만날 때까지, 나는 엄마가 간절히 원해도 단호하게 만나기를 거부했다. 사실은 병적 증상이 심했던 엄마의 무서운 모습이 생생하게 떠올라 도저히 만날 용기가 나지 않았던 것이다.

어른이 되고 장래를 결정해야 했을 때, 나는 '엄마처럼 비참하게 쫓겨나는 인생은 절대로 되지 않을 거야! 여자도 당당히 직업을 갖고 혼자서 살아갈 수 있어'라고 생각했다. 그렇게 죽기 살기로 공부해서 의대에 들어갔다.

내가 의사라는 직업을 선택한 결정적인 이유는 어릴 적 부모가 나에게 준 영향 때문이었다. 엄마는 간호사였다. 이혼 후에는 생계를 잇기 위해 병을 감춰가며 일했는데 결국 들통이 나서 해고된 적도 많았다. 엄마에게 의사란 주치의로든 직장 상사로든 아무튼 손에 닿지 않는 존재였을 것이다.

아버지는 제약회사 영업직원으로, 늘 자기보다 나이 어린 젊은 의사에게 굽실거려야만 했다. 그래서인지 늘 "나는 그런 남자 기생 따위는 절대로 되고 싶지 않아!"라고 읊조리던 아버지의 푸념 속에는 역시 의사라는 직업에 대한 콤플렉스와 갈망이 숨어 있었다.

지금은 제약회사 직원과 의사가 식사를 하는 것조차 금기시되고 있지만, 그때는 의사나 병원에 대한 영업이란 곧 '술·도박·여자'로 대변되었다. 아버지는 겨우 초등학생이던 나를 붙잡고 "의사라는 인간들은 꼭 여자를 안겨줘야 겨우 약을 사준다니까!" 하고 불평할 정도였다. 어린 나를 둘러 싼 환경은 언제나 그런 것이었다.

살아야 할 가치를 찾을 수 없던 시간

내가 대학에 다닐 수 있었던 건 순전히 재혼 후에 다시 성실한 자세로 일하게 된 아버지가 학비를 대준 덕분이었다. 아버지는 내가 의대생이 된 것을 크게 기뻐했다. 그런 아버지를 보면서 엄마를 다시 만날 수는 없었다. 아버지에게 미안했기 때문이다.

그 무렵부터 비정상적인 가정에서 자라며 억눌려 있던 비정상적인 성향들이 나에게도 서서히 드러나기 시작했다. 아버지의 재혼이라는 '사건'도 내게는 생각보다 큰 정신적 충격으로 다가왔다.

게다가 의대를 다니면서 엄마의 병에 대해 상세히 배우게 되자, 나는 필요 이상으로 정신질환에 대해 비관적인 상태가 되어버렸다. 당시 정신질환에 대한 전망은 그야말로 절망적이었다. 나 역시 그런 분위기 속에서 '분명히 나도 언젠가는 엄마처럼 되겠지. 열심히 노력해 봤자 나에게 밝은 미래란 없어!'라고 굳게 믿었다.

시간이 갈수록 나는 자포자기 상태가 되었다. 알코올 의존, 섭식장애에 시달리며 칼로 손목을 긋는 자해를 하고 일부러 나를 망가뜨리겠다는 듯 일탈적인 이성 교류를 습관적으로 반복했다.

의학부 5학년(본과 3학년에 해당한다—옮긴이)에 이르러서는 급기야 자살을 시도했다. 그리고 끔찍한 기억 속의 엄마처럼 나도 정신과를 드나드는 신세가 되었다. 주치의가 처방한 항정신병 약에 절어서 지낼 만큼 많은 약을 복용했지만 내 정신은 조금도 안정되지 않았다. 병원의 진료과들을 도는 임상 실습 기간에는 외과 수술 중에도 약 때문에 현기증이 나서 혼자 여름방학 내내 추가 실습을 받아야만 했다.

그런 상태여서 나는 줄곧 꼴찌에 가까운 성적을 받아 겨우 졸업을 했다. 이후에도 간신히 국가고시에 합격해서 의사가 될 수는 있었지만 어느 진료과에서도 이런 나를 원하지 않았다. 솔직히 말하자면 내가 정신과 의사가 될 수 있었던 것은 내 주치의였던 정신과 교수님이 "딱히 갈 데가 없으면 우리 과에 오지 않을래?" 하고 제안해 주었기 때문이다. 그때는 내 자신이 마치 방황하며 길을 떠돌다 간신히 주인을 만난 한 마리 강아지처럼 느껴졌다.

병원에서는 의사로서 섭식장애 환자를 치료하면서도 나역시 집에 돌아가면 과식과 거식을 반복했다. 힘들게 공부해서 의사가 되었지만 나는 그때까지도 '나 같은 건 살 가치가 없어. 계속해서 살아간다고 해도 좋은 일은 하나도 없을 거야'라고 고집스럽게 생각했다.

'절대 약으로는 사람의 마음을 치료할 수 없다…'

나는 정신과 의사가 된 후에도 수없이 그런 생각을 했다. 정신과 의사지만 정신의학을 신뢰하지 못했다. 사람의 마음이 회복될 수 있다는 것을 사실 정말로 믿지 않았다.

내가 담당했던 환자들에게도 늘 '제가 형편없는 의사라서 정말 미안해요'라고 생각했다. 내가 하는 일 없이 월급만 챙기는 월급 도둑처럼 느껴졌다. 그래서 한번은 받은 진찰료를 돌려주려고 환자를 직접 찾아간 적도 있었다.

결국 수련의 과정 때 다시 한번 자살을 시도했다. 일도 할 수 없게 되었다. 휴직을 하고 아버지 집에서 몇 개월을 지냈다. 다시 일에 복귀해서도 온몸에 힘이 없었다. 기어가듯 간신히 병원에 나가 환자를 보고, 처방전을 썼다.

그 무렵의 나는 오히려 환자들로부터 "기운 내요!"라는 격려의 말을 더 자주 듣는 의사였다. 환자가 의사인 나보다 더 건강했던 것이다.

결국 '죽고 싶다'는 기분을 바꾸지 못한 채, 앞이 보이지 않는 터널 속에서 버둥거리며 30세가 되었다. 그때가 내 인생 최악의 구렁텅이였다.

나는 자해, 과식과 거식, 과음과 줄담배, 수면제 의존, 그리고… 의학부 5학년 때 최초의 자살미수, 연수의(의대 졸업 후 국가고시에 합격해 의사면허를 취득하고 일정 병원에서 임상연수를 받는 의사. 기간은 총 2년이다) 2년차 때 두 번째 자살미수를 거치며 30세를 맞이했다.

이 책에 등장하는 사람들이 한 사람, 한 사람 나타나기 시작한 것은 바로 이때부터였다. 내 인생의 흐름이 갑자기 크게 소용돌이치며 변하기 시작했다. 이 책에 등장하는 사람들은 유명인도 아니고 지위가 높은 사람도 아니다. 그러나 철문처럼 굳게 닫힌 내 마음의 문을 어떻게든 열고 들어온 사람들이다.

나는 그들이 건네준 말들이 고맙고 반가워서 결국 그 따스함을 고스란히 받아들일 수 있게 되었다. 오랫동안 울적하고 답답한 시간을 보낸 나에게 어느덧 때가 무르익듯 그들의 말이 자연스럽게 내 마음에 들어오게 되었다.

그리고 이들과의 만남은 55세가 지나 나와 비슷한 성장과정을 가진 만화가, 나카무라 유키 씨의 《우리 엄마는 병이 있어요》를 읽고 나서 엄마와 나에 대해 사람들에게 공개하는 복선이 되었다.

가정사를 공개한 후, 뜻밖에도 전국에서 내 가족 이야기를 듣고 싶다는 의뢰가 쏟아져 들어왔다. 전국 곳곳에서 200번 가까이 강연을 했다. 사람들은 나에게는 불쾌하기만 했던 어두운 내 가족 이야기를 무척 진지하게 들어주었다. 결국 솔직하게 '말하는 것'이 마음의 회복에 큰 도움이 된다는 사실을 그때 느끼게 되었다.

그러자 그동안 분노의 대상이었던 가족에 대한 감정이 변하기 시작했다. 가족관에도 변화가 일어났다. 마치 이어달리기처럼 사람과 시간이 바통을 건네며 회복이라는 목적지를 향해 나아가고 있는 것만 같았다.

'과거를 청산할 수 있으면 말할 수 있다. 말하는 것은 치료가 된다. 치료가 되면 다시 과거를 청산할 수 있다.'

이 선순환으로 인해 나는 점점 강해졌다.

나카무라 유키 씨가 처음 나를 보았을 때 '당장이라도 사라져버릴 것만 같은 사람'이라는 인상을 받았다고 했을 만큼 나는 스스로에게 전혀 자신감이 없었다. 그러나 지금은 그녀도 나를 '세상에서 가장 빛나는 사람'이라고 말한다. 사람이 회복하는 데는 정말로 유효기한이 없었다.

책의 1장부터 3장까지는 내 삶을 이어준 사람들이 등장한다.

유아기에 따뜻한 추억을 만들어준 큰어머니, 외로웠던 내 어린 시절을 위로해 준 동화책 주인공과 등장인물, 최초의 친구, 애완견 고로, 엄마를 다시 만나게 해준 지인, 나카무라 유키 씨, 정신과 의사로서 목표가 된 선생님, '철인3종경기 인생'이라는 이름을 지어준 거북 씨, 남편, 그리고… 내 엄마와 아버지.

나는 이제 '인생은 아름답다!'고 말할 수 있다. 사람이 마음의 병에서 어떻게 회복하는지 뒤늦게나마 깨닫게 된 소중한 인생이었다.

또, 정신과 의사인데도 그간 환자에게 약만 처방할 뿐 가장 중요한 대화를 하지 않았다는 것을 깨달았다. 앞으로는 의학이 할 수 있는 것, 약이 할 수 있는 것의 한계를 인정하면서 사람이 사람을 통해 회복하는 강력한 힘을 믿고 진료할 것이다.

이제 홀로 외로운 인생을 살다 돌아가신 엄마의 사랑을 구현하는 것이 앞으로 내가 살아갈 의미가 되었다.

사람은 사람의 힘으로 회복된다.

사람은 사람으로 사람이 된다.

1장

환자의 가족으로
어린 시절 만난
사람들

1

내 인생의 첫 구원자인
큰어머니

내 앞에 앞면의 일부가 떨어져나가고 얼룩져 있는 낡은 사진이 한 장 놓여 있다. 홋카이도에서 막 결혼식을 올린 젊은 부부의 모습이 빛나는, 60년 세월을 훌쩍 넘긴 오래된 사진. 배우 같은 수려한 외모의 남성과 아름답고 우아한 여성…. 이들은 나의 부모님이다.

그런 화려함과 어울리지 않게 빛이 바랜 이 사진은 가족의 슬픔을 드러내는 것일까. 사진이 그토록 낡아버린 것은 세월 탓만은 아니었다. 아버지는 엄마와 이혼하자마자 아이가 둘 있는 젊은 여성과 재혼했다. 새어머니는 집에 남아 있던 엄마 사진을 앨범째 집 밖에 있는 창고로 옮겨버렸고 방치된 채 시간은 흘러 사진에는 하얗게 곰팡이가 피었다.

후에 새어머니는 앨범을 종이상자에 담아 나에게 보냈다. 나는 엉망이 되어버린 사진을 한 장 한 장 정성스레 닦아서 새 앨범에 끼워 넣었다.

아버지와 새어머니는 둘 다 결혼에 한 번 실패한 사람들이다. 이번이야말로 행복한 가정을 꾸리고 싶다는 그들의 간절한 마음에서 그랬을 거라고 이해하고 있다. 그러나 그런 만큼 나에게는 이 사진을 통해 '우리 가족의 슬픔'이 고스란히 전해진다.

그리고… 화려하게 결혼식을 올린 그 순간부터 나와 엄마, 그리고 아버지가 얽힌 지옥 같은 이야기는 시작되었다.

외할아버지는 이웃을 상대로 소액을 빌려주는 금융업자였고, 외할머니는 농촌에서 나고 자란 순박한 여성이었다. 엄마는 그들의 소중한 외동딸이었다.

금융업이라고 좋게 말해도 결국 외할아버지의 직업은 고리대금업이었다. 가족도 믿지 못해 모은 돈을 마룻바닥 밑에 숨겨놓고 아무도 없을 때 돈다발을 꺼내어 세는 것이 그의 유일한 낙이었다.

엄마 위로는 두 살 터울의 오빠가 있었는데 태어나자마자 죽는 바람에 외할아버지는 하나뿐인 딸을 퍽 애지중지했다. 덕분에 이 집안과 좀처럼 어울리지 않게, 좋은 가문의 아가씨들이나 다니는 이름난 미션스쿨에 딸을 보냈다.

엄마는 꽤 내성적인 성격으로, 초등학생 때는 6년 내내 거의 말이 없는 아이였다. 그러나 성실한 사람이라 한번 마음먹으면 '반드시 해야 한다'는 강박에 가까운 규칙을 가지고 있어서 여학교를 졸업하고 혼자 힘으로 간호사와 관리영양사 (영양 지도를 위한 기획과 대규모 급식시설에서의 관리 업무 및 노무 관리를 한다) 자격증을 취득했다. 그리고 영양사로 일하던 회사에서 만난 아버지의 일방적인 구애에 밀려 결혼에 이르게 되었다.

그러나 앞서 말했듯이 사실 엄마는 결혼 전인 23세 무렵 정신과 진료를 받은 병력이 있었다. 아버지는 결혼할 당시 그 사실을 전혀 몰랐고, 나도 어렸을 때는 이에 대해 전혀 듣지 못했다.

지금과 달리 60년 전에는 정신과 진료를 받는다고 하면 사회적 편견이 무척 심했을 것이다. 외할아버지, 외할머니가 외동딸의 그런 병력에 대해 아버지에게 털어놓지 못한 것도 사뭇 이해가 된다.

집안의 차남인 아버지는 큰아버지와 아홉 살 터울이다. 엄마와 결혼할 때 큰아버지네는 크고 넓은 집에서 살았는데,

내 인생의 첫 구원자인 큰어머니

부모님은 바로 그 옆의 산막 같이 초라한 집에서 신혼생활을 시작했다.

후에 나를 보살펴준 큰어머니는 그 당시의 부모님에 대해 "마치 소꿉놀이하는 부부 같았다"고 말씀하시곤 했다. 유복한 가정에서 자란 철부지 도련님인 아버지와 마음의 병을 앓고 있는 엄마의 모래 위 소꿉놀이 같은 신혼생활은 얼마 지나지 않아 곧 무너져 내렸다.

엄마는 너무 병약해서 나를 낳고 난 후 앓아눕는 날이 더 많았다. 내가 두 살이 되었을 무렵에는 결핵에 걸려 격리병동에서 2년 반 동안 입원해 있어야만 했다. 엄마가 없는 그 시기에 나는 줄곧 큰아버지 집에 맡겨졌다.

생애 최초로 사랑받은 기억

큰어머니, 그녀야말로 내 인생 최초의 구원자였다.

큰어머니는 집안의 맏며느리로 나뿐만이 아니라 병약했던 고모네 아이들까지 도맡아서 돌보았다. 한때는 나를 포함해 큰집 아이들까지 7명이 큰어머니 아래서 함께 지냈다. 덕분에 마당에는 빨아 널어놓은 기저귀들이 만국기처럼 펄럭였다고 한다.

그런 상황에서도 나를 가엾게 여긴 큰어머니는 나를 친자식처럼 깊은 애정을 갖고 키워주었다. 후에 어른이 된 사촌은 "엄마는 늘 너에게 먼저 장난감을 주라고 하셨어. 나보다 너를 더 귀여워하셨지" 하고 푸념하곤 했다.

두 명의 사촌들 사이에 앉아 밥을 먹는 어린 시절 사진을 보면 '나에게도 평범한 아이처럼 행복한 때가 있었구나' 하는 생각이 들어 기분이 좋아진다. 이때를 떠올리면 인생의 추억에 환하게 등불이 켜지는 것만 같다.

큰아버지 댁에서는 두 살부터 다섯 살까지의 유년기를 보냈기 때문에 기억은 또렷하지 않지만, 나에게도 '행복했던 어린 시절'이 존재했었다는 것을 확인하고 싶어질 때는 늘 이 사진을 꺼내본다. 엄마가 찍힌 사진과는 달리 사촌이 준 이 사진은 상태가 깨끗하다.

큰어머니는 나를 진심으로 사랑해 주셨다. 그때의 나는 고집이 꽤 센 아이로 사촌들과 유치원에 가는 것을 거부하고, 어른들이 억지로 보내려고 하면 방 한가운데 앉아 똥을 누었다. 결국 큰어머니는 나를 유치원에 보내는 걸 단념했다.

엄마가 결핵 병동에서 퇴원하면서 나는 집으로 돌아가게 되었고 그렇게 내 인생에서 가장 평범했던 어린 시절도 끝이 났다.

유아기 때 형성되는 부모와의 애착은 인격의 기초가 된다. 그 시기에 큰집에서 큰어머니의 사랑을 받으며 지낸 것이 결과적으로 지금껏 내가 무너지지 않은 큰 이유가 되었다. 행복한 어린 시절이 담긴 사진 한 장은 내가 회복하는 데 굳건한 토대가 되어주었다.

큰어머니는 지금 92세가 되었다. 홋카이도에서 아직 건강하게 지내신다. 언제나 나에게 "친정이라 생각하고 홋카이도에 오면 꼭 들러"라고 말해 주신다.

'힘들 때는 친정에 간다'는 개념조차 없었던 나에게 큰어머니가 일러주신 '친정'이라는 말은 머릿속에서 반짝반짝 빛날만큼 아름답게 들렸고 그 어떤 말보다 큰 위로가 되어주었다.

엄마가 78세에 돌아가셨을 때도 큰어머니로부터 큰 도움을 받았다. 엄마는 혼자 지내던 집에서 갑자기 쓰러져 돌아가셨다. 시즈오카에서 서둘러 달려갔지만 결국 영안실에서 차디찬 엄마와 마주해야 했다. 그때 나는 장례식 준비로 슬퍼할 겨를조차 없었다.

고독했던 엄마의 인생다운 장례식이었다…. 아무도 찾아오는 사람이 없었다. '나 혼자 고쓰아게(骨上げ. 일본에서 화장 후에 이루어지는 예법 중 하나로, 화장장에서 준비한 젓가락을 사용해 2인 1조로 유골을 유골함에 담는다. 뼈를 수습할 때는 고인과 관계가 깊은 유족부터 순서대로 행하는 것이 일반적이다—옮긴이)를 해야 하나' 하고 울적했는데 당시 80세가 넘은 큰어머니가 장례식에 와주셨다.

화장장에서 순서를 기다리는 동안, 큰어머니는 차례차례

기억해 내듯 엄마와 관련된 옛날이야기를 띄엄띄엄 들려주었다. 엄마가 살아 있는 동안에는 한 번도 들을 수 없던 이야기들이었다.

"네 아버지랑 엄마가 신혼 때는 정말 사이가 좋았단다. 옆에서 바라만 봐도 흐뭇할 정도였지."

"이혼은 꼭 네 엄마 탓만은 아냐."

"네 엄마는 혼자 있는 걸 참 좋아하는 사람이었다."

엄마가 집에서 쫓겨나는 과정을 생생히 지켜본 큰어머니는 자기도 며느리인 입장에서 한편으로는 엄마가 가여웠을 것이다. 사촌이 나와 엄마를 자연스럽게 받아들여준 것은 큰어머니가 정신질환에 편견을 갖지 않은 덕분이다. 아이가 편견을 갖는 것은 어른의 말을 듣고 자라기 때문이라고 나는 생각한다.

큰어머니와 나란히 앉아 그런 이야기를 나누면서 엄마의 뼈를 수습했다. 속으로 '이럴 때 혼자가 아니라서 정말 다행이다…'라고 생각하면서.

2

처음으로 내 이야기를 들어준
동화책 속 할아버지

춥고 어두웠던 어린 시절

엄마가 퇴원하면서 집으로 돌아온 나는 조금씩 정신이 무너져가는 엄마와 함께 집에 들어오지 않는 아버지를 하염없이 기다리며 시간을 보냈다.

누가 나에게 "어린 시절을 색으로 나타낸다면 당신의 어린 시절은 어떤 색인가요?" 하고 물으면 주저 없이 "회색이에요" 하고 대답한다. 그만큼 내 어린 시절은 외롭고, 춥고, 어두웠다.

아버지는 영업직이라 몇 년마다 북쪽 홋카이도부터 남쪽

규슈까지 곳곳으로 전근을 다녔고, 그때마다 이사를 하는 바람에 나를 귀여워해주던 큰어머니와 친형제처럼 지냈던 사촌들도 어른이 되기 전까지 만날 수 없었다.

엄마는 양재 기술이 있어서 엄마 옷과 내 옷을 직접 만들었다. 어린 나는 엄마가 마법을 부린 듯 재봉틀로 옷을 만들어 내는 모습을 넋을 잃고 바라보곤 했다. 그러나 엄마는 사람을 만나는 것을 극도로 싫어해 주택단지에 살 때도 이웃과는 거의 교류가 없었다.

어린 아이인 내 눈에도 엄마의 모습은 무척 힘들어 보였다. 내가 초등학교 1학년 무렵 엄마는 성당에 자주 다녔다. 나도 엄마를 따라 성당을 다녔다. 성당 건물의 스테인드글라스를 통해 들어오는 빛이 무척 아름답다고 느끼면서도 신부님 강론 중에는 꾸벅꾸벅 졸기 일쑤였다. 엄마는 예수 상 앞에서 무릎을 꿇고 손을 모은 채 오랫동안 기도했다.

엄마는 아버지가 집에 들어오기를 빌었을까…. 엄마가 그때 무얼 기도했는지는 알 수 없다. 그 무렵부터 엄마의 정신은 조금씩 확실하게 망가지기 시작했다.

내가 초등학교 3학년이 되었을 때부터, 엄마는 창문을 닫고 커튼을 친 어두컴컴한 방안에서 천장에 닿을 만큼 높이 쌓아놓은 책들을 읽고 온종일 담배를 피워대며 소설을 썼다.

한밤중에 과자와 커피를 먹는 것이 엄마의 하루 식사 전부였다. 내 저녁은 차려주었지만 8년 내내 똑같은 반찬으로 구성되었다. 식사 시간에 엄마가 마치 개 사료처럼 반찬을 '툭!' 하고 밥상에 놓아주면 나는 혼자서 묵묵히 밥을 먹었다.

점점 참을 수 없어진 나는 한때 직접 요리해 보려고도 했지만 엄마는 내가 주방에 들어가는 것을 극도로 싫어했다. 엄마는 강박증이 있어서 물건의 위치가 조금이라도 달라지는 것을 싫어했기 때문이다. 그래서 나는 보통아이들처럼 '오늘 저녁 반찬은 뭘까?' 하는 기대란 아예 없었다. 할 수 있는 일이란 엄마가 지시한 반찬거리를 사오는 것뿐이었다….

몇 년이나 청소를 하지 않은 집안에는 쥐가 들끓었다. 밤낮으로 깔아놓은 이부자리에는 쥐똥이 나뒹굴어 우리는 자주 감염증에 걸렸다.

열한 살 무렵에는 세균이 코를 통해 뇌로 들어가 발생하는 세균성 수막염에 걸렸는데, 엄마는 집 밖으로 한 발자국도 나가지 않았기 때문에 나는 가만히 방에 누워 있을 수밖에 없었다. 이후 며칠 동안 40도가 넘는 고열이 계속되자 정신착란 상태에 빠져들었다.

그제야 엄마는 나를 병원에 데려갔고 그날 곧장 입원했다. 엄마는 병실 침대에 누워 있는 나를 보며 "의사 선생님은 내가 너를 이 정도로 방치한 바람에 후유증이 생길 수도 있다고 하더라구" 하며 깔깔대고 웃었다.

처음으로 내 이야기를 들이준 동화책 속 할아버지

엄마는 간호사 자격증이 있다. 그런데 이런 상황에서도 창백한 나를 보며 웃고 있었다! 이때부터 나는 '내 목숨은 내가 지키자'고 생각하기 시작했다.

시간이 지날수록 온순했던 엄마는 점점 더 공격성을 드러냈다. 아주 가끔씩 집에 들어오는 아버지는 그런 엄마에게 폭력을 휘둘렀고, 우리 가정은 애증으로 뒤범벅이 된 혼돈의 아수라장 상태로 몇 년간 유지되었다. 아버지가 손찌검을 하면 엄마는 손으로 얼굴을 가리면서 필사적으로 "얼굴! 제발 얼굴은 때리지 마!" 하고 애원했다.

그런 상황에서도 나는 학교에 한 번도 빠지지 않았다. 게다가 나는 몸에 멍 자국도 없고, 숙제도 완벽하게 해가는 아이였기 때문에 아동상담소 같은 복지기관이 개입하는 일은 없었다. 거기에는 아버지가 일 때문에 2, 3년 주기로 근무지를 옮기면서 자주 이사를 다녔던 이유도 있었다.

엄마는 가끔씩 자살을 시도했고 "건강히 잘 지내!"라는 짧은 메모만 남기고 훌쩍 집을 나가버리곤 했다. 힘든 상황이 일상이 되어버린 나는 친구와 놀 기분도 나지 않았다. 당연히 나에게 친구는 한 명도 생기지 않았다.

큰집에서 우리집으로 돌아왔을 때부터 내 어린 시절은 그렇게 춥고 어두운 시간이 전부였다.

1장 환자의 가족으로 어린 시절 만난 사람들

그런 어린 시절 내 유일한 낙은 책 읽기와 그림 그리기였다.

어릴 적의 나는 책 읽기를 유난히 좋아해서 《빨간 머리 앤》과 이시이 모모코의 《논짱 구름을 타다》를 무척 아꼈다.

《빨간 머리 앤》은 캐나다 작가인 루시 모드 몽고메리가 쓴 책으로 고아원에서 자란 소녀, 앤의 청춘 이야기다. 내 마음은 고스란히 앤에게 투영되었다. 앤이 옆에 있다고 생각하는 것만으로도 나는 극도의 외로움을 덜 수 있었다.

앤이 대표적인 '고독한 아이'였다면 《논짱 구름을 타다》에 등장하는 일가는 '행복한 가정'의 상징과도 같았다. 엄마에게 맘껏 어리광부리는 논짱이야말로 내가 꿈꿀 수 있는 가장 행복한 나의 모습이었다.

이 책을 소중하게 생각하는 이유가 하나 더 있다. 그것은 바로 엄마가 내게 읽어준 유일한 책이기 때문이다. 이 책은 엄마에게 어리광부리는, 누구나 갖고 있는 어린 시절의 달콤한 추억이 엄연히 나에게도 있었음을 확인시켜주는 유일한 증거였다.

초등학교 1학년 때, 엄마는 치통으로 아파서 우는 나를 치과에 데려갔다. 그때는 엄마의 병이 아주 심각하지는 않아서 가끔의 외출이 가능했던 때였다.

그 무렵 엄마는 자신의 정신 상태보다 아버지가 집에 월급을 가져다주지 않아 빚어진 극심한 생활고로 몹시 힘들어했다. 엄마는 쌀을 사기 위해 비쩍 마른 야윈 몸으로 자신의 피를 팔아 생계를 이었다. 그런 엄마가 내 치과 비용은 어떻게 마련했는지 아직도 의문이다. 그토록 궁핍한 생활 속에서도 엄마는 내 손을 이끌고 치과에 데려갔다.

특유의 소독약 냄새가 진동하는 병원에 도착하자 나는 윙, 하는 이를 깎는 날카로운 기계음에 주눅이 들어 온몸이 굳어버렸다. 그런 나를 보고 엄마는 대기실에 놓여 있던 책을 펼쳐 소리 내어 천천히 읽어주었다. 그게 바로 《논짱 구름을 타다》였다.

엄마가 사준 단 한 권의 책

논짱이라는 여자아이가 표주박 모양의 연못에 빠졌는데, 기다란 의자 모양의 구름에 사는 할아버지가 구해준다. 논짱은 구름에 앉아 할아버지에게 그동안 자신에게 있었던 일을 이야기한다.

"지금으로부터 몇십 년도 더 된, 어느 화창한 봄날에 일어난 일입니다."

책의 첫 문장을 읽어주던 엄마의 부드러운 목소리가 아직

까지 또렷하다. 이 책의 첫 번째 삽화는 논짱이 울면서 걷는 모습이다.

일요일 아침에 논짱의 엄마와 오빠는 논짱을 집에 둔 채 아무 말 없이 도쿄에 놀러갔다. 그걸 알게 된 논짱은 소리 내어 울고는 집 밖으로 뛰어나갔다가 연못에 빠지고 만다. 사실 엄마와 오빠가 논짱에게 비밀로 하고 외출한 건 병약한 논짱을 위한 배려였다. 그들은 고모에게 논짱을 부탁하고 나갔는데 유달리 지기 싫어하는 성격인 논짱은 그걸 모르고 속았다며 억울해했다.

나는 처음부터 이 이야기에 빠져들었다. 울며 소리치는 논짱에게 놀랐고, 지기 싫어하는 논짱에 공감했다.

'나라면 그렇게 울지 않아! 하지만 논짱이 억울해하는 건 나도 충분히 이해해.'

왜냐하면 나 역시 논짱에게 지지 않을 만큼 남에게 지기 싫어하는 아이였기 때문이다.

나는 병원이 주는 공포를 잊고 엄마가 읽어주는 책에 빠져들었다. 지금 돌아보면 어린이용이라고 할 수 없을 만큼 장편이었고 글자 크기도 작았는데 '연못에 빠진 논짱은 어떻게 됐을까?' 하는 마음에 다음 이야기가 너무 궁금했다.

충치 치료가 끝나 더 이상 치과에 가지 않게 되자 나는 할수 없이 돈이 없는 엄마를 졸라 '논짱 책'을 샀다. 엄마가 읽어주는 이야기가 너무 듣고 싶었기 때문이다. 그것은 내 어린 시절, 손에 꼽을 만큼 몇 안 되는 '어리광'이었다.

주인공 논짱…. 나중에 의사의 길을 선택하는 논짱은 반장을 할 만큼 공부를 잘하는 우등생이었다. 공부를 못하는 오빠와 반 친구를 깔보았던 논짱은 연못에 빠졌을 때 구름 할아버지를 만나 가족과 친구 이야기를 하면서 조금씩 달라진다.

구름 할아버지에게 가족들의 이야기를 전부 털어놓았을 때 논짱은 잠에서 깬다. 사실은 논짱이 연못에서 구출되어 집으로 옮겨진 것이다. 이후 잠에서 깬 논짱이 말하는 구름 할아버지의 이야기를 아무도 믿어주지 않았다.

마지막에는 전쟁의 시작을 예감할 수 있는 문장이 나온다. 논짱이 살았던 시대는 제2차 세계대전이 발발하기 전의 일본이다. 어두운 시대가 다가옴이 점점 느껴지고 논짱 일가의 평화로운 일상과 논짱의 마음이 성장하는 것을 그려낸다. 논짱 일가는 정말 행복한 가정이었다.

부지런하고 자상한 엄마, 자녀의 이야기를 진지하게 들어주는 슬기로운 아버지, 장난꾸러기 오빠, 오빠와 잠시도 떨어지기 싫어 학교까지 따라가는 애완견 에스…. 읽다 보면 나도 어느새 기다란 의자 구름에 편하게 앉아 할아버지와 이야기하는 것 같았다.

처음으로 내 이야기를 들어준 동화책 속 할아버지

나는 의자 구름을 상상해서 표지에 그려 넣은 공책에 구름 할아버지와 논짱에게 하고 싶을 말을 열심히 썼다.

"할아버지에게. 우리 엄마는 논짱 엄마에 지지 않을 만큼 미인이고, 자상하고, 논짱 엄마보다 옷도 잘 만들어요. 그리고 내가 키우는 개, 고로는 에스보다 훨씬 귀여워요."

그렇게 공책에 쓰면, 할아버지가 "그래그래" 하고 들어주는 것만 같았다.

"오늘 학교에서 햐쿠닌잇슈(百人一首. 100종의 시조를 적은 카드를 윗구만 소리 내 읽고 이어지는 아랫구가 적힌 카드를 찾아내는 시합) 대회를 하는데 내 목소리가 잘 들린다고 선생님이 내게 윗구를 읽게 해주셨어요."

"오늘은 전학생이 왔어요. 그 아이는 건물 2층까지 눈이 쌓이는 곳에서 왔대요."

엄마의 담배 연기가 자욱한 방 안에 앉아 나는 학교에서 있었던 일, 기분 좋았던 일을 빠짐없이 공책에 써나갔다.

그러다 문득 '우리 아빠는 며칠이나 집에 들어오지 않네. 논짱 아빠는 매일 집에 들어오는데…. 참 이상하다'는 생각을 처음으로 하게 되었다. 어느 날부턴가 '분명히 오늘은 아빠가 올 거야' 하며 무작정 기다렸다. 밤이 되면 문밖에서 발소리

가 날 때마다 기대감에 가슴이 콩닥거렸다. 하지만 그 발소리
는 무심히 우리집 앞을 지나쳐 이웃집으로 사라졌다.

그렇게 실망스러운 밤이 몇 달, 몇 년간 계속되면서 엄마는
완전히 다른 사람이 돼버렸다. 나는 이제 더 이상 할아버지와
말하고 싶지 않았다.

논짱 책을 벽장에 던져 넣고, 의자 구름을 그린 공책도 펴
지 않았다. 학교에서 돌아오면 고로하고만 놀았다. 고로에게
그날 일어난 모든 이야기를 했다. 그러다 보니 '빨간 머리 앤'
을 더 좋아하게 되었다. 앤은 엄마의 얼굴조차 모르는 아이였
으니까.

그 후 어른이 될 때까지 논짱 책은 한 번도 펴보지 않았다.
하지만 사실은 할아버지에게 내 이야기를 더 많이 하고 싶
었다.

누구에게나 '되돌릴 수 없는 과거'는 있다. 그런데 어른이
되어 많은 사람을 만나면서 나는 '지금부터 만들어가는 미래'
도 있다는 것을 배웠다.

'지금부터 만들어가는 미래'가 있다는 사실을 깨달은 순간,
의자 구름의 공책이 떠올랐다.

논짱은 어릴 적부터 다녔던 병원의 다무라 선생님에게 "선
생님, 나도 의사가 될래요. 나도 정말 의사가 될 수 있을까
요?" "선생님을 돕고 싶어요. 이렇게 도쿄와 가까운 곳에도

처음으로 내 이야기를 들어준 동화책 속 할아버지

근처에 무의촌이 많다고 아빠가 말했거든요" 하고 선언한다.

나는 논짱처럼 고상한 뜻을 품고 의사가 된 것은 아니다. 하지만 논짱의 이런 결심이 내 마음 어딘가에도 남아 있었던 것 같다.

내 인생에서도 책 속 이야기가 아니라 많은 '할아버지'와 같은 존재들이 등장해 마음을 열어주고 소중한 것들을 일깨워주었다.

'말하는 것은 좋은 치료다.'

훗날 나는 많은 사람에게 엄마의 이야기를 공개했는데, 구름 할아버지는 처음으로 나의 '말'을 들어준 소중한 존재였다.

3

내 최초의 친구,
고로

세상에 하나뿐인 친구, 애견 고로

나는 형제가 없다. 그리고 늘 전학을 다녀서 친구도 없었다. 그런 내 최초의 친구가 되어준 것은 내가 기르던 개 '고로'였다.

홋카이도에 살던 초등학생 시절 어느 날, 집 밖에 나가지 않는 엄마를 대신해 생선가게에 심부름을 갔다. 그때 가게 앞 기둥에 가느다란 종이 노끈으로 묶인 강아지 한 마리가 있었다. 생후 2개월 정도로 보이는 조그만 그 강아지는 불안한 듯 떨며 오도카니 앉아 있었다.

원래 동물을 좋아하는 나는 서둘러 노끈을 풀어 강아지를 품에 안았다. 그러고는 주인아저씨에게 "아저씨, 이 강아지 제가 데려가도 되죠?" 하고 졸랐다. 아저씨도 그동안 달라는 사람이 없어서 난처했다며 흔쾌히 허락해 주었다.

집으로 데려오긴 했지만 어린아이였던 나는 '고로'라고 이름 붙인 이 강아지를 어떻게 해야 할지 난감했다. 엄마 때문에 집안에 들일 수는 없어 일단 석탄창고(지금은 등유 탱크로 바뀌었는데, 당시 홋카이도에는 집집마다 석탄을 저장하는 커다란 창고가 있었다)에서 키우기로 했다. 그런데 난로에 석탄을 넣으면 고로가 석탄 위에 올라가 오줌을 싸서 불을 꺼뜨리는 바람에 집안이 연기로 꽉 차곤 했다.

고로를 어떻게 키워야 할지 난감해 하던 그때, 정말 오랜만에 집에 들어온 아버지가 고로를 발견했다. 아버지는 관심도 없을 거라고 생각했는데 뜻밖에도 "너, 이런 데서 개를 키우는 거니?" 하고 놀라서 나를 쳐다보았다. 그러고 나서 무슨 생각에선지 버려진 나무를 모아 직접 개집을 지어주었다. 꽤 쓸만한 개집이었다.

그때만큼 아버지가 고마웠던 적은 없었다. 분명 아버지도 개를 좋아하는 사람이었을 것이다. 아주 가끔이지만 아버지는 집에 올 때마다 강아지의 머리를 쓰다듬어주었다. 지금도 동네에서 아버지가 만들어준 것과 비슷한 개집을 보면 의외의 구석에서 자상함을 보여주곤 했던 아버지가 생각난다.

통통하게 살이 오른 고로는 그제야 자기 집을 갖게 되었다. 고로는 점점 내 둘도 없는 친구가 되었다. 나는 학교에서 돌아오면 바로 고로에게 달려가 학교에서 있었던 일들을 시시콜콜 이야기하곤 했다.

"고로, 나 오늘 깜빡 잊고 준비물을 챙겨가지 않아서 선생님께 많이 혼났어."

"고로, 나 오늘 수학시험 100점 맞았다!"

다른 아이들은 엄마에게 보고할 학교에서의 일상들을 나는 매일 고로를 상대로 열심히 떠들었다. 어느 개나 그렇지만, 고로는 내가 말하면 유독 나를 바라보며 가만히 귀기울여준다(나에게는 그렇게 보였다). 내 간식과 우유도 언제나 고로와 절반씩 나눠 먹었다.

8년간 변함없이 내 저녁 반찬으로 밥상에 오른 닭고기 포일구이도 고로와 함께 나눠 먹었다. 논짱의 오빠가 집에서 키우는 에스를 학교까지 데려갔듯이 '나도 고로와 학교에 갈 수 있으면 얼마나 좋을까' 하고 늘 생각했다. 우리는 정말 사이좋은 친구였다. 고로가 없었다면 내 어린 시절은 얼마나 삭막했을까…. 생각만 해도 아찔하다.

그러나 고로와의 우정은 5년밖에 지속되지 못했다. 아버지가 규슈로 전근을 가게 되었기 때문이다. 평사원이었던 아버지는 비싼 비행기표를 살 수 없었다. 우리는 홋카이도에서 규슈까지 기차로 꼬박 2박 3일을 이동했다. 그런 상황에서 개까지 챙겨 데려갈 수는 없었을 것이다.

아버지로서는 엄마를 데려가는 것만으로도 충분히 벅찼을 것이다. 이삿짐을 싣는 내내 유령처럼 멍하니 서 있는 엄마를 보고 나 역시 고로를 데려가고 싶다는 말은 할 수 없었다.

트럭에 짐을 싣고 준비가 끝나자 아버지는 나에게 "자, 이제 고로를 버리고 와라"라고 말했다. 지금 생각하면 너무 냉정한 일이지만 당시는 그런 것이 아무렇지도 않은 시대였다. 사실 오래 전부터 이 순간을 각오하고 있었지만 막상 실행에 옮기려는 순간이 다가오자 고로가 참을 수 없이 가여워졌다.

나는 미리 용돈으로 사둔 소시지를 주머니에 쑤셔 넣고 "고로! 산책가자!" 하고 고로를 불렀다. 고로는 좋아라 껑충껑충 뛰며 나를 따라왔다.

나는 평소와는 다른 코스로 한참을 걸어갔다. 그리고 확 꺾인 커브 길에서 소시지를 있는 힘껏 멀리 던지고 그대로 골목길을 빠져 나와 뒤도 돌아보지 않고 미친듯이 내달렸다.

집에 도착하자 아버지는 엄마를 차에 태우고 기다리고 있었다.

'내 친구 고로가 다시 돌아올지도 몰라…'

서서히 달리기 시작한 차 안에서 혹시나 하며 계속 뒤를

돌아보았지만 고로의 모습은 어디에도 없었다.

언젠가 고로가 다시 집에 돌아와도 이제 우리집은 텅 비어 있을 것이다. 주인 없는 떠돌이 개가 되어도 내 친구 고로는 씩씩하게 살아줄 거라고, 슬픔으로 먹먹한 가슴으로 끝없이 되뇌었다. 그렇게 고로를 떠나보낸 날이었다.

막내아들 같던 '건강이'

고로와의 슬픈 이별은 이후 오랫동안 상처로 남았다. 그래서 어른이 되면 꼭 내 손으로 개를 키우며 끝까지 잘 돌보고 싶었다.

어느 날, 초등학생이던 큰아들이 공사 현장에 버려진 강아지를 주워왔다. 공사 현장에서 여기저기 시멘트를 잔뜩 묻혀 온 생후 3개월 정도의 '확실한 잡종견'이었다. 남편은 가끔 고양이를 키워봤지만 개는 처음이었기 때문에 썩 내켜 하지 않았다. 귀에는 시멘트가 묻어 있고, 털도 너무 더러워서 도저히 귀여워할 만한 외모가 아니었다. 그래도 아이는 강아지를 무척 마음에 들어 했다. 나도 강아지를 보니 어릴 적에 내 친구 고로를 버리고 떠나온 잊을 수 없는 순간이 다시 떠올랐다.

나와 아들이 남편에게 애원해서 우리는 겨우 강아지를 기르게 되었다. 강아지는 비록 남편의 환영을 받지는 못했지만 어느 사이에 '건강이'라는 이름으로 함께 지내는 것이 당연한 존재가 되었다.

건강이는 힘이 넘쳐 수시로 목줄을 풀고 탈주해서 동네를 활보하기 일쑤였다. 추위도 잘 타서 겨울이면 작은아들의 조끼를 입혀줘야 했고 여러 가지로 잔손이 많이 가는 강아지였다. 그런 만큼 건강이와는 정이 많이 들고 추억도 많아졌다. 처음에는 마음에 들어 하지 않던 남편도 어느새 건강이를 챙기며 귀여워했다.

건강이는 열일곱 해를 우리와 함께 보내고 죽었다. 수의사는 인간으로 치면 90세 정도의 나이였으니 '호상'이라고 했지만 두 아들과 같이 키운 우리집 '막내아들' 건강이의 존재는 너무 컸다. 아직도 건강이가 뛰어다녔던 마당을 보면 금방이라도 내 품에 뛰어들어 안길 것만 같다.

아이의 힘으로는 지켜주지 못했던 가여운 고로와 달리 어른이 되어 만난 건강이는 17년간 함께 지내며 삶의 마지막까지 지켜줄 수 있었다. 건강이 덕분에 내 오랜 마음의 상처가 조금은 치유된 것 같다.

4

의사가 되기로 결심하게 한
나를 괴롭힌 중학교 친구들

전학

고로와 헤어지고 우리 가족은 홋카이도에서 규슈로 이사
했다. 비행기는 요금이 무척 비싸서, 평사원이었던 아버지는
사흘이나 걸려 엄마와 나를 데리고 기차를 갈아타면서 규슈
까지 가야 했다. 아직은 고속열차 신칸센이 규슈까지 연결되
지 않았던 시대였다.

가는 도중에 엄마는 불안한지 잠을 거의 자지 못했다. 역에
부임지의 영업소 직원이 마중 나와 주었는데, 엄마는 인사할
생각도 없이 그저 멍하니 서 있기만 했다.

아버지는 그런 엄마를 보고 무섭게 화를 냈다. 새로운 세상에 도착한 우리 가족의 첫날은 그렇게 시작되었다.

'홋카이도에서 전학생이 왔다!'

전학 온 첫날, 규슈의 시골 중학교에서는 시끌벅적 난리가 났다. 옆 반 아이들도 나를 구경하러 왔다. 1960년대 중반에 홋카이도 사람을 직접 본 것은 아마 선생님도 처음이었을 것이다. 나 역시도 규슈 사람을 본 것은 처음이었다. 그때 나는 남학생들이 모두 까까머리인 것에 충격을 받았는데 처음에는 모두 내 비위를 맞춰주며 상냥하게 대해주었다.

그런데 석 달이 지나자, 손바닥 뒤집듯 나에 대한 괴롭힘이 시작되었다. 아침에 교실에 들어가면 반 아이들 모두가(나는 그렇게 생각했다) "호박이 왔다! 호박! 호박!" 하고 합창을 했다. 복도를 걸어가도 아이들은 끊임없이 나를 '호박'이라고 놀려댔다. 결국엔 다른 반 아이들까지 합세해 온종일 괴롭혀댔다. 수업 중에 지목을 받아 대답을 하면 언제나 뒤에서 키득거리는 소리가 들렸다. 모둠을 만들 때는 아무도 나를 끼워주지 않았다. 한마디로, 나는 왕따였다.

나는 특히 '호박'이라는 별명으로 불리는 것이 너무 싫었다. 그 별명은 엄마가 만들어준 교복 때문에 생긴 것이었다. 규슈로 전학 왔을 때, 새 학교에 다니기 위한 서류 수속을 해주는 사람은 아무도 없었다.

엄마는 이사로 인한 정신적 피로가 더해져, 아직 정리가 안 된 집안을 보고는 누군가 집에 침입해서 어지럽힌 거라고 굳게 믿었다. 엄마의 상태는 계속 악화됐다.

첫날은 아버지가 새 학교에 동행해 주었지만 이후에는 담임선생님에게 물어보며 혼자서 관련 서류를 작성해야만 했다.

가장 큰 문제는 교복이었다. 아버지와 상의하고 싶어도 아버지는 역시 좀처럼 집에 들어오지 않았다. 그때는 지금처럼 휴대전화가 있는 것도 아니어서 달리 연락할 방법도 없었다. 그리고 학교에 집안 사정을 시시콜콜 말해야 하는 것은 특히 내키지 않는 일이었다.

나는 이때부터 엄마가 '정신이 이상하다'는 사실을 확실히 깨닫게 되었다. 어린 마음에도 세상의 편견은 고스란히 느껴졌기에 엄마의 병에 대해서는 아무에게도 말할 수 없었다.

한동안은 '이사로 정리가 안 돼서…'라고 둘러대고 예전에 다녔던 학교 교복을 입고 등교해야 했는데 한창 남의 시선이 신경 쓰이던 사춘기의 나로서는 정말 힘든 일이었다.

그 즈음이었을 것이다. 엄마가 나에게 "너, 힘이 없어 보여"라고 말을 걸어왔다. '정신이 이상한 사람'이라고만 생각했던 엄마가 사실은 조용히 딸의 모습을 지켜보고 있었던 것이다. 내 사정을 듣고는 냉큼 "엄마가 만들어줄게" 하고 말했다. 갑작스런 엄마의 따뜻한 말에 놀라면서도 엄마의 양재 실력을 잘 알고 있었기에 내심으론 기대가 되었다. 나는 교복에 가까운 색깔의 천을 사서 엄마에게 건넸다.

유치원에 다닐 때도 마법처럼 옷을 만들어 내던 엄마의 실력은 아직 녹슬지 않았다. 전체적인 완성도는 좋지 않았지만 그런 몸 상태로 최선을 다해 만들어준 엄마의 마음이 고마워서 나는 매일 그 교복을 입고 등교했다. 그런데 뽑지 않은 시침핀이 여기저기 남아 있어 소매에 팔을 낄 때마다 찔리고 아팠다.

특히 스커트가 비참했는데, 다른 애들처럼 예쁘게 주름이 잡히는 주름치마가 아니라 말 그대로 '호박' 모양이 되어버린 것이다. 나는 그날 이후 반 아이들의 좋은 놀림거리가 되고 말았다.

그런 괴롭힘에 박차를 가한 것은 시험이었다. 나는 원래 필기시험만큼은 강했다. 아무리 컨디션이 나빠도 놀랄 만큼 좋은 점수를 받았다. 전학 후 첫 시험에서 내가 1등을 하자마자, 모두의 놀림감이던 '호박'이 1등을 차지했다는 사실은 모두의 반감을 불러일으켰다. 이때부터 남학생들뿐 아니라 여학생들까지 괴롭힘에 가담하기 시작했다.

어느 날, 학교에서 계단을 내려가는데 갑자기 누군가 등 뒤에서 나를 확 밀었다. 순식간에 데굴데굴 굴러 떨어지고 나서 무슨 일인지 올려다보니 층계참에 있던 몇몇의 남학생들이

의사가 되기로 결심하게 한 나를 괴롭힌 중학교 친구들

나를 쳐다보며 킥킥 웃고 있었다. 그리고 그 뒤쪽에는 여학생도 한 명 있었다. 슬프게도 그 아이는 내가 전학 온 첫날, 처음으로 나에게 말을 걸어준 아이였다.

나는 치마가 홀러덩 젖혀져 속옷이 드러난 그대로 주저앉아 꼼짝도 할 수 없는 상태였다. 아픔은 느낄 새도 없었다. 참을 수 없는 수치심이 올라왔다. 나는 거의 울다시피 하며 그 자리에서 도망쳐야 했다.

그날, 수업 시간에 책상 위에 교과서를 세워두고 고개 숙여 흐느끼던 나를 본 선생님은 "넌 그렇게 울어서 뭐 할래!"라고 소리칠 뿐이었다.

'아! 이제는 정말 인간 대접을 받고 싶다….'

그때부터 나는 계속 그런 생각을 했다. 당시는 '등교거부'라는 개념 자체가 없었다. 그래서 '학교에 가지 않는다'는 선택은 있을 수 없는 일이었다. 차라리 아무것도 느끼지 않는 사람이 되기 위해 마음의 문을 굳게 닫아버리고 억지로 학교에 다녔다.

시간이 흐를수록 점점 더 고로가 보고 싶었다. 아버지는 이삿날부터 기분이 좋지 않더니 매일 다른 여자 집에 머물며 설날에도 집에 들어오지 않았다.

학교에서는 최대한 아이들 눈에 띄지 않게 조용히 있어야 했다. 존재감이 없어지면 아이들의 괴롭힘도 차츰 잦아들 거라고 생각했다. 나는 '이제 중학교 3학년이니까 조금만 더 견디면 졸업할 수 있다'는 조그마한 희망을 품은 채 학교에서의 나날들을 버티고 있었다.

무슨 일이 있어도 나를 괴롭히는 아이들과는 절대 같은 고등학교에 가고 싶지 않았다. 차라리 그들이 도저히 갈 수 없는, 그들은 합격하기 어려운 학교에 가기로 결심했다. 그러고 나서 이를 악물고 공부했다. 다행히 희망한 고등학교에는 무사히 합격할 수 있었다.

고등학교에 올라가서는 '이제 친구가 생기지 않을까' 하고 기대했는데, 이미 사람을 무서워하게 된 나는 막상 누가 다가오거나 말을 걸면 긴장해서 제대로 말을 하지 못했다.

집에 돌아오면 '아, 그때 말했어야 했는데! 이렇게 대답할걸' 하고 수없이 후회했지만 때는 이미 늦어서 마음 맞는 아이들끼리 그룹을 만들어버린 후였다. 내가 비집고 들어갈 자리는 없었다.

고등학교에 올라온 후에는 더 이상 친구들의 괴롭힘은 없었다. 하지만 나를 인정해 주고 옆에 다가와 말을 건네주는 친구도 없었다. 외로움에 지쳐 힘들 때마다 가끔씩 계단에서 나를 밀친 아이들의 얼굴이 떠올랐다.

각자 다른 고등학교로 진학해서 더 이상 그들을 만날 수 없는데도 '반드시 성공해서 그 아이들에게 보여주겠어!'라는 생각은 시간이 흐를수록 확고해졌다. 그들보다 더 좋은 대학, 더 좋은 직업을 가져서 보란 듯이 '어떠냐!' 하며 보여주고 싶었다. 그런 것이 내가 할 수 있는 유일한 복수라고 생각했다. 그렇게 선택한 좋은 직업 중 하나가 의사였다.

그렇게 마음은 절박했지만 정작 공부에 집중할 수는 없었다. 내가 다닌 고등학교는 규슈에서 손꼽히는 명문으로 대학 진학을 목표로 열심히 공부하는 아이들뿐이었다. 나도 대학을 목표로 하긴 했지만 의지가 부족했는지 그다지 좋은 성적이 나오지 않았다. 사실은 딱히 가고 싶은 대학도 없었다.

결국 별생각 없이 도쿄 근교의 사립여대에 입학했다. 그곳은 대학교 부속의 초·중·고교를 졸업한 '부잣집 아가씨'들이 대부분이었다. 시골에서 상경한 내 눈에는 다들 눈부시게 세련된 아이들이었다. 그들과 그들이 다니는 이 학교는 초라한 나와 '전혀 어울리지 않는다'고 느껴졌다.

그렇게 생각한 순간, 내 안에 지하수처럼 조용히 흐르고 있던 원망과 분노가 겉으로 드러나기 시작했다.

'나는 이런 부잣집 아가씨들과 함께 지낼 수 없어!'

'꼭 나 혼자 힘으로 성공하고 말 거야!'

중학시절 끊임없이 나를 괴롭힌 아이들에게 보란 듯이 성공하고 싶은 기분, 그리고 세상을 향한 원망까지 가득 나를 채웠다.

동시에 엄마가 떠올랐다. '그래, 엄마처럼 비참하게 집에서 쫓겨나지 않으려면 반듯한 직업을 갖자'고 다시 한번 굳게 결심했다.

아버지에게 "다시 의대 시험을 치르고 싶어요"라고 허락을 구하자 그는 "힘들게 들어간 대학인데 학교에 다니면서 시험을 본다면 모를까, 먼저 학교를 그만두는 것은 절대 안 된다"고 못 박았다.

나는 데이트로 바쁜 동기생들과 달리 죽기 살기로 다시 입시공부를 시작했다. 그때부터는 수도승처럼 오직 공부에만 몰두했다.

의대 합격만을 또렷한 목표로 세워두고, 한겨울에 방석도 깔지 않아 얼음장 같은 차디찬 마룻바닥에서 공부에 열중했다. 추우면 잠이 오지 않기 때문이다. 지금까지 살아오면서 그렇게 열심히 공부한 것은 그때가 유일했다. 의사국가고시 때도 그 정도로 열심히 공부하지는 않았다.

직장인이던 아버지는 "너에게 의대 시험의 기회는 국·공립으로 딱 한 번뿐이다"라고 잘라 말했기 때문에 '한판 승부'와도 같은 극적 상황이 주는 압박감도 결정적인 요소가 되었다.

나는 마치 입에서 불을 뿜어내는 용처럼 분노라는 감정을 훅훅 드러내며 미친 듯이 공부에 몰두했다. 그렇게 해서 마침내 나는 의사가 될 수 있었다.

어쩌면 사람은 행복이 넘칠 때보다 부정적인 감정이 생길 때 더 강한 에너지를 내는 것이 아닐까. 원래 사람을 움직이는 에너지의 근본이 되는 것이 '원망'이다. 그것은 결코 건강한 감정이 아니며, 복수는 결코 사람을 행복하게 만들지 못한다. 하지만 내가 의사가 되는 계기를 만들어준 것은 분명히 나를 괴롭힌 아이들이었다.

그리고 이렇게 긍정적인 생각을 할 수 있게 되기까지는 정말 오랜 시간이 걸렸다.

2장

환자였던 나에게
손 내밀어 준
사람들

5

'산다'는 것의 의미를 깨닫게 해준
동료 의사와 10대 환자

아버지의 재혼

이를 악물고 열심히 공부해서 당당히 의대에 합격하자 아버지는 뛸 듯이 기뻐했다. "아버지도 젊을 때는 의사가 되고 싶었다"고 하며…. 아버지는 엄마와 이혼하고 딸의 양육을 도맡았으니 어쩌면 책임감 때문에라도 내가 좋은 인생을 살기를 바랐을 것이다.

내가 무사히 의대에 입학해서 안심이 되었는지 아버지는 "나는 지금 좋아하는 사람이 있다"고 고백했다. 그녀는 아버지의 단골 술집 여주인으로, 아버지는 퇴근길에 들러 그녀에게 고민과 푸념을 쏟아내며 나름대로 외로움을 달랬을 것이다.

그녀는 엄마와는 정반대인 사람이었다. 밝고 사교적인 성격으로, 우리의 어색한 관계만 아니었다면 잘 지내고 싶은 여성이었다. 그녀에 대해 내가 느끼는 감정은 꽤 복잡했다. 고독한 아버지를 옆에서 붙잡아준 것은 고마웠지만 나로서는 그녀를 도저히 받아들일 수 없었다. 그녀를 생각하면 너무 괴로웠다.

차라리 아버지가 나를 완전히 내팽개쳤다면 마음이 편했을 것이다. 그러나 의대생이 된 나는 아버지에게 자랑스러운 딸이었다. 아버지는 당연한 듯이 나를 그들의 새 가정에 데리고 갔다. 이런 아버지를 거부한다면 이미 엄마를 거부해버린 나로서는 부모 모두를 거부하는 셈이 되는 것이다.

그렇게 해서 아버지를 따라 새 가정에서 지내게 되었지만 역시 그곳에 내가 낄 자리는 없었다. 나는 여기에서도 여전히 이방인이었다.

대학에서도 친구는 없었다. 나는 변함없이 사람들 앞에서 극도로 긴장하는 상태가 바뀌지 않아 누구와도 친해지지 못했다. 그토록 바랐던 의대에 들어갔지만 공부만 하며 보내고 싶지는 않았다. 나도 남들처럼 불꽃같은 사랑도 하고 싱거운 연애도 해가며 평범하게 지내고 싶었다.

그러나 세상 그 누구도 나를 원하지 않는 것처럼 느껴졌다. '나는 차라리 존재하지 않는 편이 낫겠어'라는 어두운 생각이 스멀스멀 다시 머릿속에 자리 잡기 시작했다.

나는 극도로 외로웠고, 엄마 때문에 그렇게 싫어했던 담배를 하루에 40개비나 피워댔다. 술도 많이 마셨다. 아침부터 싸구려 위스키를 들이키고 학교에 가면 화장실부터 들러 배 안에 든 것을 전부 토해낸 후 수업을 들었다. 칼로 손목을 긋는 자해도 했다. 할 수 있는 모든 자해 행위를 반복하면서 '죽고 싶다'는 생각은 더 강렬해졌다.

그렇게 되자, 1년 내내 나는 죽는 것만 생각했다. 버스에 타서 창밖으로 가지가 곧게 뻗은 소나무가 보이면 '저 가지 정도면 목을 매도 부러지지 않겠네'라는 생각이 들 정도였다. 화장지를 살 때도 '두 개 사면 죽은 후에 남으니까' 한 개만 샀다. 그때는 뭘 해도 오로지 '죽음'만이 떠올랐다.

사람의 죽음으로 알게 된 것

의학부 5학년 때, 결국 자살을 시도했다. 몹시 추운 어느 날, 한겨울의 욕실에서 목을 매려고 한 것이다. 목욕통을 딛고 올라서서 '자, 이것만 발로 차내면 드디어 편해질 수 있어!'라고 생각한 순간 맨발에 느껴지던 그 냉기와 목에 감긴

끈의 감촉, 욕실의 차가운 공기에 대한 감각이 지금도 피부에 또렷이 남아 있다.

내 강연회에 참석한 한 환자 가족은 이렇게 말했다.

"자살을 시도했던 아들이 계속 '미안해요, 미안해요' 하고 사과하는데 그런 말은 더 이상 듣기 싫어요. 사과하지 않아도 되니까 이제는 제발 뒤돌아보지 말고 앞을 향해 나아갔으면 좋겠어요."

그런데 나는 그 아들의 기분을 충분히 이해한다.

'보통사람이라면 하지 않는 상식 밖의 행동을 저질러버리고 말았다'는 후회와 자책, '그럼에도 결국 살아남았다'는 찜찜한 감각은 난치병이나 큰 사고로부터 생환한 사람의 감각과는 완전히 다르다. '어려움을 극복하며 자신감이 생겼다'는 그런 말들은 그때의 나에겐 그저 허황된 이야기일 뿐이었다.

연수의 때 결국 두 번째 자살을 시도했는데, 불발로 끝나고 난 후 '살아서 다행'이라는 생각은 조금도 들지 않았다. 나를 둘러싼 문제는 아무것도 해결되지 않았기 때문이다. 그래서 또다시 자살을 생각했는데 이번에는 행동으로 옮기지 못했다. 그것은 삶에 대한 집착 때문이 아니라 나처럼 살 가치가 없는 인간이 한 짓으로 인해 충분히 살 가치가 있는 사람들의 일상을 180도 바꾸어버렸다는 후회가 밀려왔기 때문이었다.

"한 번만 더 그러면, 그때는 너도 정신병원에 집어넣을 거야!" 하는 아버지의 격노도 내 행동에 제동을 걸었다. 엄마와 똑같아지는 것 만큼은 '죽어도' 싫었다.

그 무렵 내 주위의 소중한 사람들이 차례로 사망하는 사건이 일어났다. 그중 하나는 동료 의사의 자살이었다. 그녀 역시 복잡한 사정 때문에 평소에도 입버릇처럼 '죽고 싶다'고 말해 왔다. 나도 같은 생각을 갖고 있던 터라 우리는 늘 서로에게 '죽고 싶다'고 말했다.

그런데 그녀가 아무 말도 없이 홀연히 죽음을 선택한 것이다. 숨이 끊긴 그녀를 경찰이나 가족보다 먼저 발견한 것은 나였다. 그녀의 목에 붉게 남아 있는 끈 자국이 내 눈에도 선명하게 새겨졌다. 나는 그동안 의사로서 수많은 사람들의 죽음을 지켜보았다. 하지만 불과 며칠 전까지도 대화를 나누고, 서로를 걱정해 주며 가깝게 지내왔던 동료의 죽음은 완전히 다른 충격으로 다가왔다.

'죽음'은 가깝게 지냈던 사람이 순식간에 손이 닿지 않는 다른 세계로 영원히 떠나가 버리는 것임을 현실적으로 깨닫게 된 순간이었다.

그녀의 부모님이 차갑게 식어버린 딸을 껴안고 흐느끼던 모습을 바라보는 것 역시 피할 수 없는 현실이었다. 그때부터 내가 그동안 바라왔던 죽음이란 실제와는 다른, 내 멋대로 그린 공상 세계에 불과한 것이었음을 깨달았다.

그녀는 왜 혼자서 아무 말도 하지 않고 먼저 가버렸을까. 당시에는 그런 생각만 했다. 지금은 그녀가 내게 아무 말도 하지 않고 먼저 떠난 이유를 알 것 같다. 그녀는 '그녀의 인생'을 살았고, 나는 '나의 인생'을 살 수밖에 없기 때문이라고….

비슷한 시기에 또 하나의 죽음이 있었다. 햇병아리 의사로서 담당했던 내 10대 환자가 자살한 것이다. 큰 의욕은 없었지만 나름대로 열심히 진료했는데 나로서는 도저히 그녀의 '죽고 싶다'는 기분을 뒤집을 수 없었나 보다.

그녀가 죽기 전에 마지막으로 병원을 찾아왔을 때, 처음으로 해맑게 웃던 것이 기억난다. 그런데도 나는 눈치 채지 못했다. 사람은 정말 죽음을 결심하면 그렇게 아무 말도 없이 훌쩍 가버리는 걸까.

나 자신의 죽고 싶다는 기분은 그렇게 잘 이해하면서도, 그녀의 죽음에 대해서는 '아직 어린데! 앞으로 살아갈 수많은 시간이 남아 있는데…' 하며 도저히 인정할 수 없었다. 동료와 어린 환자가 가졌던 두려울 만큼 진한 절망이 내게도 고스란히 전해졌다. 나는 거의 실성한 상태가 되어, 그녀의 장례식에 가고 싶다고 상사에게 애원했지만 주위의 만류로 참석하지 못했다.

그들은 두 번 다시 돌아올 수 없는 곳으로 그렇게 훌쩍 떠나가 버렸다. 그것은 두 사람이 절실히 바랐던 일이다. 나 역

시 같은 것을 바랐는데, 과연 그들은 스스로 목숨을 끊는 것으로 죽음에 대해 충분히 납득했을까. 두 사람을 생각하면 '적어도 지금은 그곳에서 편한 마음으로 있기를' 기도하는 것 외에 할 수 있는 게 아무것도 없다.

동료와 어린 환자의 죽음을 경험하면서 죽음에 대한 내 생각은 크게 바뀌었다. 도저히 잊을 수 없는 사건이었던 만큼 그 기억은 나에게 강력한 제동장치가 되었다.

동료와 환자의 죽음, 아버지의 외침이 억지(抑止)하는 힘으로 작용해 죽음에 대한 생각은 차츰 달라졌다. 그렇다고 해도 역시 하루아침에 갑자기 긍정적인 사람으로 변모한 것은 아니다. 여전히 현실에선 꼼짝달싹 못 하는 '얼빠진' 상태 그대로였고, 그럼에도 나는 여전히 살아 있었다.

회복에는 시간이 필요하다

두 번의 자살 시도가 미수로 끝나고 일도 휴직한 채 나는 완전히 얼빠진 상태로 지냈다. 그러나 아무것도 하지 않고 하루하루 멍하게 보낸 시간이 완전히 무의미하지는 않았다. 스스로 깨닫지 못하는 사이에 나는 조금씩 회복되고 있었기 때문이다.

매일 아무것도 하지 않은 채 빈둥거리며 지내는 시간은 큰 도움이 되었다. 점점 '죽는 건 조금만 뒤로 미뤄보자'고 생각하기 시작한 것이다. 평소에는 병원에서 처방받은 약을 곧바로 쓰레기통에 버린 적도 많았는데, 우선 약을 제대로 먹고 세 끼 식사도 잘 챙겨먹었다. 밤에는 잘 자도록 노력했다.

오랜만에 겨우 잠을 잘 수 있었던 어느 날 아침에 일어났을 때, 매일 창문을 통해 바라봤던 가게까지 한번 걸어가 보자는 생각이 들었다. '저기까지, 오늘은 일단 저 가게까지만 걸어보자!'고 생각했다.

드디어 걸어서 그 가게 앞에 도착했을 때, 몇 년 만에 느껴보는 기쁨의 감정을 맛보았다. 그것은 누가 시켜서가 아니라 '스스로 결정한 일'을 혼자 힘으로 해냈다는 단순한 기쁨이었다. 다음 날은 좀 더 먼 큰길까지, 그 다음은… 하는 식으로 차츰 거리를 늘려 며칠 뒤에는 꽤 먼 역까지 걸어갔다. 그 후로도 계속해서 터벅터벅 걷는 시간을 늘려갔다.

어느 날에는 한참 걷다 보니 이름도 없는 신사(神社)가 보여 신에게 배례하며 손뼉을 치고 종을 울렸다. 나는 그때의 계절도 지금은 떠오르지 않을 만큼 온 신경을 집중해서 한 걸음 한 걸음 내딛는 발끝만 바라보았는데, 신사에서 울린 종소리만큼은 아직까지 또렷이 기억한다.

'걸으면 낫는다!'

왠지 그런 생각이 들었다.

그렇게 생각하는 것 외에 달리 할 수 있는 것이 아무것도 없어서였을까. 지금 돌아보면 어떤 목적과 목표가 없었어도 그냥 하루하루를 버텨내는 '강함'이 그때의 나에게는 있었던 것 같다. 그랬다, 회복을 위해서는 시간이 필요했다.

6

'내관요법'에서 만난
인생을 즐기는 방법을 가르쳐준 여성

약에 대한 의존

두 번째 자살이 미수로 끝나고 나서는 회복 징후가 조금 보였는데 대학에서는 정신과 진료를 받을 것을 강하게 요구했다. 그렇게 되면 결국 나도 엄마와 같은 인생을 걷는 것 같아서 참을 수 없이 싫었지만 치료를 받지 않으면 퇴학 조치한다는 대학 측의 강요에 마지못해 정신과에 다녔다. 그리고… 처방받은 약에 대한 의존증으로 오랫동안 고생해야 했다.

의사 자격증을 취득하면 보험진료가 아닌 자유진료(공적 의료보험이 적용되지 않는 진료)의 경우 자신에게 직접 처방할 수 있다.

이것이 나에게 무서운 결과를 초래하고 말았다.

나는 점차 과음을 해도 약을 거르지 않게 되었다. 매번 내가 직접 최대한의 용량으로 처방을 했고 약물 의존증은 더욱 악화되었다. 상사에게 의심을 받아 더 이상 약을 처방할 수 없게 되자 무서운 일이지만 '병동 너스 스테이션(Nurse Station)에 환자가 복용하지 않은 약이 있을지도 모른다'는 유혹에 사로잡혔다.

그래서 딱히 용건도 없이 너스 스테이션을 기웃거리며 자리가 빌 때를 기다리곤 했다. 하지만 그곳은 정신과와 다른 과가 함께 사용했기 때문에 좀처럼 자리가 비는 시간이 없었다. 만일 모든 간호사가 자리를 비웠다면 나는 어느 순간, 결국 약을 훔쳐서 경찰서에 끌려갔을지도 모르겠다.

약물 의존증은 그런 말도 안 되는 일을 저지르게 할 만큼 사람의 사고체제를 파괴한다. 그렇다면 의사는 왜 약물 의존증을 불러일으키는 부작용을 가진 약들을 환자에게 처방하는지 의문을 갖는 사람이 많을 것이다.

정신과에서 처방받은 약은 좀처럼 진정되지 않는 나의 뇌를 일단 차분하게 유지시켜 주었다. 정신과에 처음 다니기 시작했을 당시 내 상태는 심각했다. 늘 누군가 나를 지켜보고 있는 것만 같았고 악마가 어떤 물체 뒤에 숨어 있는 것만 같아서 집에 있어도 전혀 안정이 되지 않았다. 신경은 너무 예

민하게 곤두서서 아무리 피곤해도 잠을 잘 수 없었다. 게다가 아주 작은 소리에도 펄쩍 튀어오를 만큼 겁이 났다.

그런 상태가 멈추지 않고 계속되었다면 정말로 어느 순간, 나는 높은 곳에서 뛰어내렸을지도 모른다. 항상 몸이 나른하고 물을 벌컥벌컥 들이킬 만큼 갈증이 났다. 현기증과 변비에도 시달렸는데, 약을 끊으면 다시 극한의 고통이 한꺼번에 몰려올 것 같아 너무 두려웠다.

분명히 약은 양날의 칼이다. 의학·과학 연구에 대한 노력의 산물인 동시에 '의존'이라는 지옥으로 유혹하는 무서움도 갖고 있다.

도움이 되는 것은 절대 약이 아니라는 사실을 나는 환자가 되고 나서야 깨달았다. 약 의존성에 대한 무서움을 깨닫게 되자 나는 발버둥 치듯 다른 것들에서 도움을 구하기 시작했다. 약에만 기대게 되면 의존증이 심해질 뿐 인생에 대한 절망감은 절대로 사라지지 않기 때문이다.

그때 세 들어 살고 있던 아파트의 주인이 나를 찾아와 "무슨 고민이 있는 거 아니에요?" 하고 물었다. 평범한 아주머니의 눈에도 이상하게 보일 만큼 내 얼굴이 어두웠던 모양이다.

주인아주머니는 한 신흥종교의 신자였는데, 그런 사람일수록 '이 신앙을 통해 반드시 구원받는다'고 사람들을 설득한다. 나 역시 그렇게 설득당한 사람 중 하나였다. 고민을 의논

할 상대도 없었던 나는 고독과 약에서 벗어나고 싶은 일념에 세뇌라도 당한 듯 주인아주머니가 권한 종교에 덜컥 가입하고 말았다.

그러자 다음 날부터 놀라운 일이 벌어졌다. 누구 하나 찾아오지 않던 호젓한 내 아파트에 한 번도 본 적 없는 낯선 사람들이 마치 오랜 친구처럼 다정하고 밝은 얼굴을 하고 찾아오기 시작한 것이다.

그들은 내 의지와는 상관없이 멋대로 집 안으로 들어와 같이 춤을 추고 찬불가 같은 노래들을 불렀다. 종교의 단결력은 실로 대단했다.

나의 조용한 나날들은 그렇게 해서 끝이 났다. 그날부터 나는 하루도 고독할 틈이 없었다. 오늘은 여기서 기도가 있다, 모레는 저기서 모인다 하며 그들은 사방으로 나를 끌고 다녔다. 그들은 모두 선의로 똘똘 뭉친 사람들로 혼자 사는 나에게 맛있는 반찬을 가져다주고 많은 친절을 베풀었다. 헌금도 세상에서 말하는 것처럼 그리 많지 않았다.

이대로 이 종교를 믿고 있으면 고독으로부터, 그리고 인생의 목적이 없는 끝없는 내 방황으로부터 구원될 거라고 진심으로 생각했다. 하지만 정작 가장 중요한 그들의 신을, 나는 도저히 믿을 수가 없었다.

신자 모임에서 왁자지껄 떠들고 함께하는 시간은 잠시 외로움을 달래주었지만 기도할 때가 되면 열심히 믿는 옆 사람의 얼굴을 훔쳐보며 '나는 정말로 이 신을 믿고 있는 걸까' 하는 양심의 가책을 느껴야만 했다.

그렇게 나는 결국 그 종교에서 탈퇴했다. 들어갈 때는 무척 간단했다. 하지만 그만둘 때는 결코 간단하지 않았다. 이사를 가고 전화번호까지 바꾸고 나서야 겨우 그만둘 수 있었다. 그 일로 마음고생도 많았지만 돌이켜 보면 좋은 점도 있었다. '뭔가를 믿을 때 발현되는 놀라운 사람의 힘'에 대해 배우게 됐으니까.

신문 기사에서 발견한 내관요법

종교 다음으로 내가 찾은 것은 '내관요법(naikan therapy)'이라는 치료였다. 모리타 요법(森田療法. 1919년 정신과 의사인 모리타 마사타케가 창시한 신경과민에 대한 정신요법)과 나란히 세계에 자랑할 만한 일본의 정신요법이 바로 내관요법(内観療法. 본래 수양법으로 개발된 것을 의료, 임상심리 목적을 위해 응용하는 심리요법)이다.

약 30여 년 전, 창시자인 요시모토 이신 선생이 아직 생전에 있을 때의 일이다. 어느 날, 우연히 신문을 보다가 문득 한 기사에 시선이 멎었다. 기사에는 촉법소년(10세 이상 14세 미만의 소년으로서 형벌 법령에 저촉되는 행위를 한 자)과 알코올, 약물 의존증 사람들을 대상으로 '자신의 행동을 부모에게 진심으로 사과하기 위한 수행적 치료'에 대한 글이 쓰여 있었다.

그동안 주변 사람들에게 많은 피해를 준 나는 특별히 내 부모에 대해서라기보다는 그저 '무언가에 사과하고 싶다. 깨끗이 사과하고 이제 나도 해방되고 싶다'고 생각했다. 의사가 된 나는 환자를 치료하기는커녕 여전히 '자기 건강도 관리하지 못하는 상태'였기에, 심한 자기혐오에 빠져 있었다.

내관요법으로 마음의 고름을 전부 도려낼 수 있다면…. 지푸라기라도 잡는 심정으로 섣달 그믐날부터 나라에 있는 내관도장에 머물렀다.

그날, 얼어붙을 듯 추운 날씨 속에 나라역에 내렸던 때가 지금도 기억난다. 한 해의 마지막 날 저녁 무렵이었다. 역 앞은 사람들로 붐볐고 제각기 바쁘게 길을 오갔다. 나는 일주일치 옷을 넣은 커다란 배낭을 메고 보스턴 가방을 들고 있었다. 볼품없는 체격의 나는 마치 커다란 등껍질을 짊어진 한 마리 달팽이처럼 보였다.

무게를 견디지 못한 달팽이는 역 앞에서 택시를 잡았다. 기사에게 "내관도장으로 가주세요" 하고 말했지만 "아휴, 거긴 걸어서 10분도 안 걸리는 거리잖아요!"라며 승차를 거부당했다.

사람들로 붐비는 길거리를 달팽이처럼 느릿느릿 걸으며

'내관요법'에서 만난 인생을 즐기는 방법을 가르쳐준 여성

'나는 왜 이런 곳까지 왔을까…. 나는 정말 세상에 필요 없는 인간일까?' 하는 생각에 빠져들었다.

어느덧 도장에 도착하고 "정말 잘 오셨어요" 하는 사모님의 따뜻한 인사가 들려오자, 나는 마치 구원자를 만난 듯 온몸의 힘이 쭉 빠져버렸다.

내관에는 '집중내관'과 '일상내관'이 있다. '집중내관'은 아버지, 어머니, 형제 등 가까운 사람과의 관계에서 〈1. 받은 것 2. 갚은 것 3. 피해 준 것〉이라는 세 가지 주제에 따라 기억을 떠올리며 자신을 되돌아보는 것이다.

'일상내관'은 일상생활에서 혼자가 될 수 있을 때, 즉 출퇴근 시간이나 샤워를 할 때, 잠들기 전(잠자리에 누워서)의 시간을 사용한다. 집중내관과 달리 면접자가 없기 때문에 일어난 일을 떠올리기만 하면 되고 공책에 써도 된다.

외부 자극이 차단된 도장 안, 병풍으로 가려진 다다미 한 장(다다미 한 장의 크기는 보통 90×180cm―옮긴이) 넓이의 공간에서 새벽 6시부터 밤 9시까지 일주일간 집중내관을 계속한다. 집중내관을 하는 도중 한두 시간 간격으로 찾아오는 면접자에게 그때까지 떠올린 내용을 말한다. 면접자는 공감하는 태도로 귀를 기울이고 필요한 최소한의 응답을 한다.

요시모토 이신 선생은 정토진종의 승려로, 내관법은 '미시

라베(身調べ, 자기성찰법—옮긴이)'라는 정토진종의 수행에서 시작되었다. 내관요법은 일상을 차단하고 내면과 마주하여 자신의 '치유력'에서 가능성을 발견하는 것이 특징이다. 그런 점이 서양인처럼 토론으로 상대에게 이해를 구하고 해결책을 꾀하는 문화와 다르다.

제자가 "6년 동안 한 번도 스승님의 웃는 얼굴을 본 적이 없습니다"라고 할 만큼 요시모토 선생은 엄격한 분이었다. 그러나 내관에 오는 사람에 대해서는 '내관 중인 사람은 모두 부처'라며 극진히 대접했다.

나는 '자신의 내면을 본다'는 것이 얼마나 어려운 일인지 아무것도 모른 채, 용감하게 내관요법을 시작하고 말았다. 그저 현실에서 도망치고 싶은 마음만 간절한 상태였고, 나의 내면은 '형태뿐'이었다.

받은 것, 갚은 것의 구체적인 내용을 모두 기억할 수 있지만 그런 것은 하루 이틀 사이에 면접자인 요시모토 선생에게 모두 털어놓은 뒤였다. 그 다음 단계가 '안을 본다'는 진짜 내면의 통찰인데, 깊숙한 내면을 보는 것에 두려움을 느낀 나는 일주일이 지나도 좀처럼 마음의 변화를 얻지 못했다.

비록 내면을 보는 수행을 끝까지 할 수는 없었지만 내관 덕분에 지금까지도 친하게 지내는 친구를 만날 수 있었다.

설날에 굳이 난방도 되지 않는 낡은 절로 수행하러 오는 사람이라면 말 못 할 큰 고민이 있거나 별난 사람이라고 생각하기 쉬운데(나도 그런 사람 중 하나였다) 그녀는 전자의 경우였다. 나와 마찬가지로 '죽고 싶은 병'에 걸려 몇 번의 자살 시도를 거치고 지푸라기라도 잡는 심정으로 여기에 온 것이다.

내관도장에서 사적인 대화는 일절 금지다. 식사, 세면, 입욕 모두 완벽한 정적 속에서 이루어진다. 일주일 동안 수행하는 사람을 살피러 오는 요시모토 선생님 외에는 그 누구와도 말을 해서는 안 된다. 이것은 생각보다 훨씬 힘들었다. 인간의 동작은 사소한 행위에도 '춥다', '맛있다' 등 상대의 공감과 맞장구를 바라는 기대를 동반한다는 사실을 그때 깨달았다. 적어도 나와 그녀는 그랬다.

10분으로 정해진 입욕 시간에 우연히 그녀와 마주쳤다. 누가 먼저랄 것도 없이 "정말 힘드네요" 하며 말을 걸었고 "맞아요" 하고 맞장구를 쳤다. 나는 타인의 시선에 민감해서 '그동안 사람을 피하고 좀처럼 만나고 싶지 않았는데 사실은 나도 사람과 대화하는 것을 좋아하는구나!' 하고 느끼자 오랜

만에 나의 건강한 면을 발견한 것 같아 무척 기뻤다. 이 깨달음은 내관수행보다 더 나를 건강하게 만들어주었다.

그녀와 나는 이른 아침마다 경내를 청소했다. 추위로 곱은 손에 '호호' 입김을 불어넣으면서 우리는 몰래 귓속말을 나누었다. 덕분에 청소 시간은 우리의 큰 즐거움이 되었다.

긴 일주일이 지나고 나와 그녀는 절을 떠났다. 결국 앞으로의 인생에 대한 지침은 찾지 못했지만 이 세상에 나와 똑같이 지쳐 주저앉고, 나와 똑같이 행동한 인간이 있었다는 사실에 조금은 마음의 위로를 얻었다. 내가 짊어진 배낭 속에 눈에 보이지 않는 커다란 선물이 들어 있는 것만 같았다.

본능대로 행동할 수 있는 힘을 가진 사람

그 후에도 그녀와는 30년 넘게 가까이 지내고 있다. 나는 의사, 그녀는 직장인이었는데 서로 직업이 달라도 함께 있으면 기운이 났다.

내가 그녀에게 끌린 것은 특별한 장소에서 만났기 때문만은 아니다. 그녀는 처음으로 나에게 '인생은 즐기는 것'이라는 사고방식을 가르쳐주었다.

나는 기본적으로 남보다 성실하게 노력하는 것은 잘하지만 노는 데는 전혀 소질이 없었다. 즐거운 일을 단순히 '즐겁다'고 생각하기 전에 항상 '이건 나에게 어떻게 도움이 될까?' 하며 행동의 성과를 따지곤 했다. 아마도 입시 공부의 영향 때문이었을 것이다. 내 유일한 취미인 그림 그리기가 '아마추어치고는 제법'인 단계에서 좀처럼 나아지지 못하는 것도 그런 이유 때문일 것이다.

다른 사람을 감동시키거나 스스로 감동하려면 이지적인 계산이 아니라 살아 있는 본능대로 행동할 수 있는 순수한 마음이 필요하다. 내관에서 만난 그녀는 그런 마음을 간직하고 있었다.

그녀는 집으로 돌아간 후에도 '일상내관'을 계속했다.

"나는 모든 것이 풍족한 인생인데 자꾸 감사하는 마음을 까먹어서 매일 내관이 필요해요"하고 웃었다. 일상내관은 그녀의 정신을 안정시켜서 호기심이 왕성하고 에너지가 넘치는 그녀의 본질을 제대로 발휘할 수 있게 했다. 그녀는 나보다 열 살이 많은데도 정신적으로는 나보다 훨씬 젊고 건강하다.

이혼 후 혼자 사는 그녀는 60세가 넘은 나이에도 영어 공부를 위해 열심히 월급을 모아 영국으로 단기유학을 떠났다. 이후 그녀는 "기억력이 떨어져서 아직 제일 낮은 클래스예요"라고 적은 그림엽서를 보내왔다. 어떤 때는 아프가니스탄이나 카자흐스탄 같은 생각지도 못한 나라에서 엽서가 날아오기도 했다.

어느 날, 한 심리 전문가에게 "내 지인은 예순이 넘었는데 참 대단해요"라고 그녀 이야기를 했더니 "그 나이에 시작해서 어디에 쓰려고 그럴까요?"라고 되물어 깜짝 놀랐다. 이 전문가는 자신이 아는 세계의 잣대로만 세상을 보는 걸까. 나는 그런 편협한 전문가들보다 그녀의 열린 사고방식이 훨씬 더 좋다.

그녀와는 우리의 20년 후를 위한 약속을 했다. 20년간 열심히 일하고 자신에 대한 보상으로 '호화여객선 아스카(飛鳥)를 타고 함께 세계일주를 하자!'는 약속이다.

그동안 내 노력의 뿌리는 '고통'이었다. 그동안 힘듦과 고통을 극복하기 위해 피나는 노력을 해왔다. 그러나 '즐거움'도 열심히 일하는 최고의 동기부여가 될 수 있다는 놀라운 사실을 그녀를 통해 배웠다.

참고로 20년 후면 그녀는 92세, 나는 82세가 된다.

'내관요법'에서 만난 인생을 즐기는 방법을 가르쳐준 여성

7

'약함을 내보이는 것'의 중요함을 깨닫게 해준
교토의 여인

거침없이 내 마음속으로 들어온 언니 같은 여인

    나는 어릴 때 엄마와 인연을 끊었다. 오랜 시간이 흐르고 32세가 되어서야 다시 만났다. 그동안은 엄마와 마주하는 것이 너무 무서웠기 때문이다. 그것이 솔직한 심정이었다. 엄마의 얼굴을 상상하면 어릴 적 봤던 반야(般若)가면(질투와 원망으로 가득 찬 귀녀 가면─옮긴이) 같은 형상과 대학 수업에서 본 인격까지 황폐해진 섬뜩한 환자들의 얼굴이 떠오르기 때문이다.

    그런 내가 엄마와 재회할 수 있었던 것은 지금 소개하려는 그녀가 동행해 준 덕분이다. 그녀는 병원 동료인 외과 의사의 소개로 만났다.

병동의 너스 스테이션에서 약을 훔치기 위해 틈만 나면 기웃거리는 내 행동을 수상히 여긴 한 외과 의사가 오랫동안 나를 지켜보고 있었다.

사실은 그도 꽤 특이한 사람이었다. 수술 시간이 되면 간호사의 눈을 피해 수술실에 살그머니 부정을 씻어내는 소금을 뿌리는 사람이었으니까. 현대 의학의 진수를 모아놓은 병원 수술실에서 부정을 씻어내는 소금이라니! '저 사람도 사실은 마음이 많이 불안하구나' 하고 생각했다.

유유상종이라고 해야 할까, 그도 나처럼 많은 문제를 안고 있었는지 나를 본 순간 '딱!' 감이 왔다고 한다. 점차 내 증세가 심상치 않다는 것을 알고 어떤 사람을 소개시켜 주었다.

지금 생각하면 그녀는 사설 카운슬러와 비슷했다. 나 외에도 의사, 회사원, 주부, 때로는 승려까지도 그녀를 자주 찾았다. 그러나 처음 소개받을 때는 지극히 평범한 주부라고만 알고 있었다.

'그래, 한번 만나보자'고 생각한 것은 '더 이상 이렇게는 살수 없다'는 압박감 때문이었다. 정신과 의사라는 신분이었지만 그 당시 나는 그야말로 어느 환자보다 더 지푸라기라도 잡고 싶은 절박한 심정이었다.

그녀는 하나마치(花街, 400년 된 일본의 전통 유흥가—옮긴이)의 오래된 오키야(置屋, 전통식 요정에서 춤과 노래 등 기예를 선보이는 게이샤들의 거처—옮긴이)에 시집을 왔다는데, 고생을 많이 한 사람 같았다. 그녀는 나름대로 진지하게 상담을 하기 때문에 장난삼아 온 사람에게는 당장 나가라며 한밤중에 쫓아낸 적도 있었다. 그렇게 괄괄한 성미인데도 나에게는 한없이 상냥했다.

그녀는 형제가 없는 나에게 마치 친언니처럼 살갑게 대해주었다. 매일 고독에 찌들어 있던 만큼 나는 그런 그녀가 너무 좋았다. 그녀를 처음 만난 때를 지금도 또렷이 기억하고 있다. 그녀는 현관에 서 있는 나를 본 순간 "당신은 세상에서 가장 고독한 사람이네요!" 하고 말했다. 처음 보는 사이에 실례가 될 수도 있는 말이었지만 그녀의 말은 사실이었다. 왈칵 눈물이 났다.

그날 밤, 그녀의 집에서 머물게 되었다. 이불에 눕는데 그 안에 탕파(뜨거운 물을 넣어 그 열기로 몸을 따뜻하게 하는 보온 용구—옮긴이)가 들어 있었다. 한겨울의 교토는 뼛속까지 추위가 스며든다. 늘 쉽게 잠을 이루지 못했는데 탕파 덕분에 수면유도제를 먹을 때보다 훨씬 더 숙면을 취할 수 있었다.

정신과 의사인 내가 표면적으로는 평범한 주부일 뿐인 그녀를 왜 그토록 신뢰하게 되었을까. 그녀는 내가 지금까지 느껴본 적 없는 '가정의 따뜻함'을 맛보게 해주었기 때문이다.

그 후에도 그녀는 여러 번 나를 자기 집에서 묵게 해주었다. 그전까지 익히지 못한 생활상식부터 찻잔 씻는 법, 된장국 끓이는 법, 청소법까지 직접 알려주었다.

"예쁘게 가꾸면 기운이 나니까 평상시에도 예쁘게 하고 다녀요."

"꽃다발처럼 아름다운 말을 해야 해요."

"맛있는 음식을 먹으면 사람과 더 가까워질 수 있어요."

그녀는 정신의학적 의미 이상으로 '기운이 나는 말', '삶의 지혜'를 나에게 가르쳐주었다.

우리 둘은 함께 집 근처 대중탕에도 갔다. 그녀는 거침없이 내 마음속으로 들어왔다. 타인과의 거리를 어떻게 조절해야 할지 몰라 좀처럼 친구를 만들지 못하는 내 망설임 따위는 전혀 개의치 않았다. 내가 추워하면 자연스럽게 자기 목에 둘렀던 스카프를 풀어 내 목에 둘러주었다.

나는 사람을 두려워해서 초·중학교 때는 수학여행도 가지 않았다. 그럴 때는 감기 등을 핑계로 둘러대고 집에서 쉬었다. 그래서인지 그때까지 타인과 여행을 가서 즐겁다고 말하는 사람의 기분을 전혀 이해하지 못했다.

그런데… 어느 날, 평소처럼 교토의 그녀 집에서 찻잔을 씻는데 그녀가 갑자기 "이쿠코 씨, 이세로 여행갑시다!" 하고 말했다. 그녀 외에도 대여섯 명이 더 합류한다고 했다.

사람들과의 여행이 가능할 리 없는 나는 그 말을 듣고는 쓰러질 것만 같았는데 '그녀에게 미움받고 싶지 않다'는 단순한 일념으로 고개를 끄덕였다. 즐거움은 전혀 없는 비장한 결의를 하고 그녀와 함께 전차를 탔다.

또 하나 난처했던 것이 담배였다. 골초였던 엄마는 하루 종일 줄담배를 피웠다. 집안은 늘 희뿌연 담배 연기로 가득해서 아마 어릴 적 나의 폐는 새까맸을 것이다. 그래서 늘 '어른이 되어도 담배 피우는 인간만큼은 되지 않겠다'고 다짐했었다.

그랬던 것이 대학에 들어가면서부터 어느 순간 자포자기하는 마음으로 담배를 피우기 시작해 점점 더 끊을 수가 없었다. 술도 그랬다. 아침부터 싸구려 위스키를 병째 들이켰다. 나는 원래 무언가에 쉽게 의존하는 성격이었던 것이다.

그녀 집에 묵는 것은 고작 하루 정도였기 때문에 담배도 술도 하지 않는 얌전한 여의사로 보이도록 얼버무릴 수 있었지만 2박 3일의 여행 기간 동안 담배와 술을 계속 참기란 힘든 일일 것이었다. 절로 한숨이 나왔다.

그래도 그녀에게 미움받고 싶지 않은 마음으로 여행에 따라나섰다. 낡은 여관에서 남녀가 뒤섞여 자는 가난한 여행이었다. 여행자들 중에는 수술실에 소금을 뿌리는 외과 의사도 있었고, 동행자 모두가 현실과 동떨어진 사람들이었다.

이들 속에 있다면 나도 평범해질 수 있다… 처음으로 그런

편안함을 맛보았다. 눈 깜짝할 사이에 2박 3일이 지나갔다. 이후 나는 니코틴과 알코올 의존에서 벗어났다. 그 후 30년이 지났지만 그날 이후 지금껏 담배와 술에는 손도 대지 않는다. 마치 30세가 넘어 뒤늦은 수학여행을 다녀온 것 같았다.

이후 휴가를 얻으면 곧장 교토로 날아갔고, 돌아올 때는 그 전과 달리 할 수 있는 것이 하나씩 늘어났다. 그렇게 자신감과 따뜻한 추억이 하나하나 쌓여갔다.

1천만 원의 청구서로 날아든 우정

그녀라면 엄마에 대한 이야기를 털어놓아도 될 것 같았다. 그녀에게 의존하지 않게 된 지금 생각하면 '사설 카운슬러'로서 그녀 나름대로의 계산도 있었을 테고, 교활함도 있었을 것이다. 그러나 그게 전부는 아니었다. 그녀의 따뜻함이 엄마에 대한 이야기를 꺼내 놓을 수 있게 만든 것이다.

가만히 내 이야기를 듣던 그녀는 "당신은 어머니를 만나지 않으면 평생 행복해지고 싶다는 생각조차 하지 않게 될 거예요"라고 충고하며 당장 엄마를 만나보라고 권했다.

그녀에게 나의 성장과정을 말할 때마다 "같이 가 줄게요"라는 그녀의 말에 갈등한 끝에 마침내 용기를 냈다.

'그래, 엄마를 만나러 가자!'

그렇게 결심하자 오랫동안 목에 걸려 있던 무언가가 쑥 내려가는 기분이 들었다. 곧바로 아버지에게 엄마를 만나고 싶다는 내용의 편지를 보냈고 곧이어 아버지의 극심한 분노와 마주해야만 했다.

아버지는 불같이 화를 내며 "정말로 네 엄마를 만날 거면 호적을 파버리든지 법원에서 상속 포기 수속부터 해야 할 거다!"라고 소리쳤다. 아버지는 그때 왜 그랬을까. 의대 입시를 격려하고 비싼 대학 수업료도 전부 감당해 가며 자랑스러운 의사로 만들어낸 하나뿐인 딸을, 정신질환을 앓고 있는 이혼한 전처에게 빼앗긴다고 생각했을까. 역시 아버지에게는 비밀로 하고 만날 걸 그랬다는 후회가 밀려왔다.

아직 결혼도 하지 않았는데 호적을 파다니 '집 없는 아이'가 되는 것 같아 비참해진 나는 차라리 상속포기 수속을 밟는 쪽을 택했다.

재판관이 수속을 위해 사정을 물었다.

"부모에게 큰 빚이라도 있습니까?"

"아닙니다. 다만 저는 불효를 저지른 딸이라서 포기하는 것입니다" 하고 대답했다.

그러자 재판관은 "그렇게 나쁜 사람으로는 보이지 않은데요…" 하고 말해 주었다. 낯선 이로부터 불쑥 튀어나온 따뜻한 위로의 말에 눈물이 났다. 그때의 일을 떠올리면 지금도 가슴이 아파온다.

　이렇게 남에게는 절대 말할 수 없는, 복잡하게 뒤얽혀 질척한 우리 가족의 내밀한 이야기까지도 그녀에게는 뭐든지 털어놓을 수 있었다. 찢어질 듯 아픈 마음도 그녀가 들어주면 조금 가벼워졌고 곧 극복할 수 있었다.

　아버지에게 욕을 들어가면서도 결국은 그녀 덕분에 엄마를 만날 수 있었다. 그리고 나서 얼마간의 시간이 지난 어느 날, 나는 그녀에게 '상담료'로 총 1천만 원을 청구받았다.

　엄마를 만나고 집으로 돌아온 지 며칠이 지난 후였다. 우편함에서 그녀의 편지를 발견하고 반가운 마음에 서둘러 뜯어보았다. '어머니를 만나서 정말 잘됐어요….' 그런 말이 쓰여있을 거라고 짐작하면서.

　"출장의 경우는 교통비 별도로 1일 100만 원. 전화 상담은 50만 원. 지금까지 합계 금액은….."

　이렇게 쓰인 편지의 내용을 이해하는 데 얼마나 많은 시간이 걸렸을까…. 그전까지 그녀의 집에 머무를 때, 필요에 따라 돈을 지불한 적은 있지만 '상담료'라는 게 무엇인지 선뜻이해가 되지 않았다.

　'돈? 청구라니… 그게 뭐지? 입금이라니?'

　금액과 입금 방법을 사무적으로 설명한 편지 내용이 머릿속에서 뱅뱅 맴돌았다. 겨우 사정을 이해한 나는 그 자리에

털썩 주저앉았다. 어느새 눈물이 뺨을 타고 흘러내렸다.

'역시 그랬구나…. 나 같은 건 돈이 아니면 그 누구도 상대해 주지 않아….'

그녀를 알게 되면서 얻을 수 있었던 자신감과 삶의 기쁨, 순수한 즐거움이 그 순간 손가락 사이로 허무하게 빠져나가 버리는 것만 같았다.

예전의 나라면 여기서 완전히 힘이 빠져 자신감도 기쁨도 역시 환상이었다고, 극도로 좌절했을 것이다. 그리고 이번에 야말로 정말 목숨을 끊어버리자고 죽음을 향해 돌진했을 것이다. 그러나 며칠간 편지를 끌어안고 있다 보니 차츰 굴욕감이 싹트기 시작했다.

'당신이 내게 보여준 행위가 모두 돈을 위한 것이었다면 그래, 그것도 좋다. 돈을 지불하겠다! 분명한 것은 내가 당신 덕분에 1년간 내 몸과 시간을 투자해서 노력하며 얻은 것들은 그것이 비록 돈 때문이었다고 해도 사라지지 않는다.'

그렇게 확신했다. 그런 생각을 할 수 있는 나에게 스스로 놀라면서….

그녀에게 버림받지 않기 위해 필사적이었던 나는 그 청구서 덕분에 '나의 다리'로 똑바로 걸을 수 있게 되었다.

나는 기꺼이 청구서의 돈을 지불했다. 그동안 나에게 '살아갈 힘'을 가르쳐 준 사람은 정신과 의사가 수십 명 모여 있는

'약함을 내보이는 것'의 중요함을 깨닫게 해준 교토의 여인

대학에도, 그 어디에도 없었기 때문이다. 그때 내게 필요한 것은 정신의학과 심리학 지식보다 비록 돈 때문이었다고는 해도 내가 느낀 그녀의 따뜻한 배려와 현실에서 살아가기 위한 지혜, 즉 '생활력'이었다.

거미줄

후에 내 이야기를 들은 어떤 분이 "어떻게 어머니를 만날 생각을 하셨어요? 역시 어머니라는 존재의 힘인가요?" 하고 물었다. 나는 즉시 "아뇨, 그저 하나마치의 그 여인에게 버림받고 싶지 않았기 때문이에요"라고 솔직히 대답했다.

적어도 그때 엄마가 그립거나 하지는 않았다. 당시의 나는 아쿠타가와 류노스케의 소설 《거미줄》에 나오는 주인공처럼 지옥에 떨어지기 직전이었고 그녀가 내려 준 가느다란 줄 하나에 의지해서 사는 위태로운 존재였다.

나는 그야말로 뼛속까지 외로웠다. 나에겐 돌아갈 집도, 친구도 없었다. 그런 상황에서 그녀가 보여준 선의(결과적으로 돈이 얽히긴 했지만)에 의지해서 살아갔다. 그래서 그녀가 제안하는 대로 엄마를 만난 것이다.

그녀의 말을 따랐던 또 다른 이유는 내 자아가 약했기 때문이었다. 그래서 자아가 강한 그녀의 말을 따랐을 것이다.

2장 환자였던 나에게 손 내밀어 준 사람들

정신과 의사의 시선으로 생각하면 이렇게 약한 자아는 불안정한 성장 환경이 크게 영향을 끼친다. 공부를 잘해서 성적이 좋으면 의사가 될 수는 있지만 실제 의료에서는 치료를 선택할 때 의사 자신의 건강하고 강한 자아가 꼭 필요하다.

나는 그게 부담이 되어 내면의 동요를 억누르면서 담담하게 환자를 진료했다. 내가 환자들로부터 '이성적인 의사'로 불린 것은 그런 태도 때문일 것이다.

그러나 성장 과정에서 길러진 병적으로 약한 자아는 어른이 되어서도 수정할 수 있다고 생각하게 되었다. 만나고 상대한 사람들과의 관계를 통해서, 나의 자아는 단번에 바뀌지는 않았지만 조금씩 강하고 건강해졌다.

그리고 최종적으로 그녀에게서 떠나기로 결심했다.

'이제 교토는 가지 않는다! 앞으로는 스스로 생각하고 결정한다!'

그녀의 집에 다니기 시작한지 1년쯤 지났을 무렵, 그렇게 결별을 결심했다. 그때까지도 그녀 외에 의지할 사람은 없었지만 '스스로를 믿고' 이제 그녀에게서 떠나고 싶었다. 인생의 계단을 하나 올라서게 해준 그녀에게 나는 아직도 감사하고 있다.

누군가는 나에게 "당신이 그녀에게 속은 거예요"라고 말하지만, 나는 지금도 그렇게 생각하지 않는다. 타임머신을 타고 과거로 돌아가도, 역시 나는 그녀에게 돈을 지불할 것이다.

나는 그녀에게서 돈 이상의 것들을 받았다. 가장 큰 수확은 자신감이 생겨 약물 의존에서 벗어날 수 있었다는 것이다. 그녀의 탕파 덕분에 수면유도제 없이 숙면을 취할 수 있었는데 다음 날 느낀 상쾌함은 돈으로 살 수 없는 것이었다.

그랬다. 의존증 치료에 필요한 것은 시설이 아니라 '사람'이었다. 의존증은 외롭고 자신감이 없고, 자신의 연약함을 그대로 보여줄 수 있는 상대가 없는 사람이 빠지기 쉽다. 나의 뻥 뚫린 마음을, 비록 비즈니스라고는 해도 그녀가 채워주었다. 그리고 이후 내 삶의 중심이 되어준 많은 사실들을 가르쳐주었다.

누군가는 내가 의사이기 때문에 돈에 여유가 있어서 1천만 원을 지불했다고 생각할 수도 있겠지만 청춘을 바쳐 죽기 살기로 공부해서 힘들게 번 1천만 원은 당시의 나에게도 큰돈이었다. 분명히 그만한 돈을 지불할 가치는 있었다고 생각하지만, 그때 그녀에게 들은 섭섭한 말들은 지금도 안타까운 기억으로 남아 있다.

그녀는 망설이는 나를 보고 '부모를 버리는 한, 당신은 끝내 행복해질 수 없다'고 설득해 엄마를 만나는 자리에 동행까지 해주었다. 그런데 그녀는 엄마를 보자마자 곧바로 "어머니에 대해서는 이제 공식적으로 말하지 않는 것이 좋겠어요.

저런 어머니로는 당신, 평생 결혼 못 해요"라고 잘라 말했다.

맞다, 정신질환에 대한 세상의 편견을 생각하면 그녀의 말은 상식적인 일반론이다. 그러나 그녀를 포함해서 '자신을 위해 어머니를 만나지 말라'고 충고하는 사람들은 내가 엄마와 피로 이어진 모녀 사이라는 사실을 까맣게 잊고 있는 것이다.

'아무리 엄마와 거리를 두어도 부모 자식 사이라는 그 사실에는 변함이 없다'는 묵직한 갈등에 대해서는 그 누구도 조언해 주지 않았다.

그런 모순들을 고려해 보아도, 그녀는 틀림없이 '나를 도와준 사람'이었다. 이후 나는 자존감을 갖게 되어 더 이상 그녀를 만나지 않았지만, 그때 그녀가 없었다면 지금도 약물 의존에서 벗어나지 못했을 것이다. 오랫동안 나는 그녀와 사이가 좋았을 때 받은 한 통의 편지에 매달려 살아왔다. 그 편지는 나와 세상을 연결하는 하나뿐인 연결고리였다.

죽고 싶어질 때면 그 편지를 꺼내 수없이 읽으며 '오늘 하루만 더 살아보자'고 스스로를 다독였다. 미래에 대해 아무런 기대도 없지만 적어도 이 편지를 준 사람만큼은 내가 삶을 이어가기를 여전히 바랄 거라고 믿었기 때문이다.

'약함을 내보이는 것'의 중요함을 깨닫게 해준 교토의 여인

8

의연한 자세로 살아가는 법을
가르쳐준 친구

식사에 대한 두려움

비록 벼랑 끝에 선 절박한 기분으로 열심히 공부해서 의대에 들어갔지만, 사실 나에게는 의사가 되려는 분명한 동기가 없었다. 사람을 사귄 경험조차 없었다. 의대생이 되었어도 마음속으로는 아무것도 달라지지 않았다.

하나마치 여인을 만나기 전에는 매일 집과 학교만 오가면서 다른 친구들이 즐겁게 친구를 사귀고 애인을 만나는 걸 차가운 시선으로 바라보았다. 하지만 내심으로는 그들이 무척 부러웠다. 그래도 그녀들처럼 적극적으로 사람과 관계를 맺는 것이 두려웠다. 집안에서 몸을 웅크리고 있는 것 외에는 달리 방법이 없었다.

엄마는 아버지와 이혼한 후, 하나뿐인 딸에게 여러 번 전화를 하고 편지도 보내왔다. 그러나 나는 그것들을 '내 불행의 근원'이라고 생각했다. 그래서 엄마로부터 연락이 올 때마다 이사를 하고 전화번호를 바꾸기 바빴다.

엄마를 두려워하게 된 데는 대학에서 정신질환에 대해 본격적으로 공부한 내용도 영향을 미쳤다. 칠판 가득 채워지는 조현병의 무서운 증상들…. 그것은 내가 다섯 살 때부터 목격해 온 엄마의 인생 그대로였다. 나는 도저히 노트 필기를 할 수 없었다.

"조현병의 경과는 만성으로, 완치되지 않는 경우도 많다. 평생 대량의 약을 복용할 수 있다. 인격 붕괴를 불러오거나 유전성도 가지고 있다…"라는 내용의 강의였다.

지금과는 달리 30년 전의 정신질환에 대한 치료는 오해가 많았기 때문에 그 속에서 어떤 희망도 찾아낼 수 없었다.

그 강의를 듣고 나는 더욱 절망에 빠져들었다. 그리고 스스로를 포기했다.

'더 살아봤자 나도 결국에는 엄마와 같은 병에 걸릴 뿐이야. 차라리 지금 죽는 게 낫겠어.'

이후 내내 엄마에 대한 혐오감과 함께 자식으로서 엄마와

의연한 자세로 살아가는 법을 가르쳐준 친구

절연했다는 무거운 죄책감에 시달려야만 했다. 정신적으로도 더 불안정해졌다. 당시 가장 나를 힘들게 했던 것은 섭식장애였고 아직까지도 이 증상은 남아 있다. 나는 가족과 같은 음식을 먹지 못하고 따로 정해진 음식을 먹는다. 우리 가족에게 참 미안하다. 한번은 아이가 "엄마는 왜 우리랑 같은 음식을 먹지 않아요?" 하고 물은 적도 있는데 안타깝게도 엄마와 같이 식사하고 싶은 아이의 마음을 단념시킬 수밖에 없었다.

그런 나로서는 식사를 제외한 다른 것으로 가족에게 애정을 표시해야겠다고 생각해서 다른 면에서는 나름대로 최선을 다했다.

섭식장애로 또 난처한 것은 지방 강연에 갔을 때다. 주최자가 호의로 그 지역의 특산물을 대접하면서 "어때요, 맛있어요?" 하고 기대를 갖고 물으면 미안해서 뭐라고 해야 할지 당혹스러워진다.

20대 때는 교과서에 나온 것과 똑같은 증상의 섭식장애를 겪었다. 거식기와 과식기가 번갈아 찾아왔고, 특히 과식기가 힘들었다. 중요한 강의를 듣는 중에도 머릿속은 온통 음식 생각만 나서 도저히 강의에 집중할 수 없었다. '얼른 집에 가서 마음껏 먹고 싶다'는 마음뿐이었다.

수업이 끝나면 쏜살같이 집으로 달려가 만두부터 호빵, 팥밥 등 닥치는 대로 탄수화물 음식을 먹어치웠다. 그리고 나면 만족감과 함께 맹렬한 후회가 밀려왔다. 나는 요령이 없어서 토해내지도 못했기 때문에 대신 변비약을 왕창 털어 넣고 임부처럼 불룩해진 배가 꺼지기를 기다릴 수밖에 없었다. 그러고 나면 이후 사흘 정도는 물도 마시기 싫은 상태가 계속됐다.

과식기 동안은 온통 먹는 생각뿐이라 공부에 대한 의욕도 떨어져서 성적은 꼴찌에 가까웠는데 거식기가 되면 완전히 다른 사람이 된 것처럼 공부에만 집중했다. 거식기가 오면 자기통제가 가능하다고 느껴졌고 모든 것이 합리적으로 움직인다고 생각했다. 체중이 30킬로그램 대까지 떨어져 몸은 극도로 쇠약한데도 그 가벼운 감각이 마치 내가 '식물'이 된 것처럼 느껴져 좋았다. 지금도 나에게는 그 감각이 남아 있다. 그래서 가끔씩 '다시 식물이 되고 싶다'는 생각이 들곤 한다. 음식을 먹는다는 행위 자체가 너무 강렬하고 생생하게 느껴져 식물처럼 '정적인' 삶에 대한 동경이 남아 있는 것이다.

섭식장애는 상당히 성가시고 까다로운 병이다. 통제할 수 없다는 점에서 약물이나 알코올 의존과 같지만, 음식은 약물이나 알코올처럼 일상에서 완전히 지울 수 없다. 내가 식물을 동경하는 것은 통제할 수 없는 섭식장애에 빠질까 봐 두렵기 때문이다.

그런 반면, 이런 의존증 등의 증상이 있었기 때문에 그나마

의연한 자세로 살아가는 법을 가르쳐준 친구

다른 정신질환은 겪지 않을 수 있었다고 생각하고 감사하는 마음도 있다. 사람이 증상을 선택할 수는 없지만 어떤 증상이든 의미는 있다. 그래서 나는 60점 정도의 회복 상태로 만족하고 나머지 40점은 섭식장애와 타협하며 살기로 했다. 섭식장애는 정면으로 맞서 싸울 만큼 간단한 증상이 아니기 때문이다.

섭식장애로 고통받던 나를 더 힘들게 한 것은 아버지의 재혼이었다. 우리에게는 그렇게 방탕하고 불성실했던 아버지가 재혼 후에는 완전히 딴사람이 되어 있었다. 매일 집에 잘 들어오고 월급도 꼬박꼬박 가져다주었다. 그 모습을 보며 나는 '엄마랑 살 때는 왜 그러지 않았나요?' 하고 분노했다. 그전까지는 아버지에게 착한 아이의 전형인 모습을 보인 나는 아버지의 재혼 후 온갖 반항과 문제행동을 일으켰다.

폭음, 흡연, 과식·거식, 자해행위, 그리고 마치 스스로 자신을 해치려는 듯 닥치는 대로 남자를 만났다. 이런 일탈 행위들로 엄마에 대한 세상의 편견과 혈연으로부터 영원히 도망치고 싶었다. 나는 결혼 적령기가 되었을 때부터 엄마가 정신질환을 앓고 있으니 딸인 나는 평생 결혼할 수 없다고 생각했다.

지금 돌아보면 사람과의 관계를 정중하게 쌓으려 하지 않고 스스로 벽을 만들어 포기했던 것인데, 그때는 모든 것을 부모 탓으로만 돌렸다. 과거도 미래도 없는 '지금' 이 순간에 모든 것을 내던진 연애는 일종의 도피 장소가 되어주었다. 그리고 이것은 똑같이 그런 인생을 살았던 아버지에 대한 복수이기도 했다.

내 마음은 시간이 갈수록 더욱 황폐해졌다.

'복수는 사람의 마음을 살리지 못한다.'

이 말은 의대에 입학했을 때, 그리고 결혼 적령기가 되었을 때 두 번 뼈저리게 느꼈다. 아버지는 "힘들게 공부해서 의대에 들어갔는데 왜 이런 짓만 하는 거냐"며 눈물을 흘렸는데, 나는 속으로 '아버지도 그랬잖아요' 하고 반발하고 있었다.

급기야 나의 일탈은 대학 측에서도 문제가 되어 "당신은 의사가 될 자격이 부족하니 자퇴하든지 그게 싫으면 정신과 치료를 받으세요" 하고 다그쳤다. 할 수 없이 나는 그렇게 모교 정신과에 통원하는 의대생이 되었다.

'강인함'과 '각오'라는 삶을 산 친구

의사가 되어서도 그런 상황은 계속되었다. 그 무렵 만난 사람이 스미짱이었다. 스미짱은 재일 한국인이다. 그녀는 지금처럼 한류 열풍도 없던 시대의 일본에서 10대에 결혼, 출산, 이혼이라는 인생의 쓴맛을 모두 경험했다. 한국 국적을 갖고 있고 고등학교 중퇴라는 불리한 조건 때문에 취직도 힘들었다.

반면에 나는 두 번이나 자살을 시도한 얼뜨기 의사였다. 국적도 직업도 수입도, 그리고 살아온 과정도 완전히 다른 두 사람이지만 오직 '고독'이라는 한 가지 공통점이 우리를 이어주었다. 스미짱을 만난 것은 어느 일요일이었다.

병원에서 일하는 평일엔 시간이 빨리 지나가는데, 친구도 가족도 없이 혼자가 되는 일요일은 너무 무료했다. 그래서 매주 꼬박꼬박 찾아오는 일요일이 참 싫었다. 스미짱도 역시 일요일이 싫은 사정을 가지고 있었다. 우리는 그렇게 시간을 때우기 위해 다녔던 체조 교실에서 만났다.

"외로운 여자가 둘 있으니까 신이 우리를 만나게 해준 거예요"라고 스미짱은 말했다.

스미짱과 친구로 지낸 것은 그녀가 죽기 전인 3년 정도였지만 '친구란 정말 좋은 거구나!'라고 느끼게 된 많은 추억을 선물 받았다. 그녀는 내가 처음으로 갖게 된 '베스트 프렌드'였다.

그녀를 떠올리면 늘 생각나는 것이 둘이서 함께 떠난 홋카이도 여행이다. 비행기는 태어나서 한 번도 타본 적이 없다는 스미짱을 어떻게든 비행기에 태워주고 싶었다. 여행 계획을

세우자 스미짱은 무척이나 좋아하며 열심히 월급을 모았고, 둘이서 홋카이도로 여름휴가 여행을 떠났다. 그녀의 금전적인 부담을 고려해서 호텔 숙박비를 아끼기 위해 우리는 큰어머니 집에서 묵었다.

큰어머니는 그녀에게 "이쿠코가 친구를 데려온다고 해서 혹시나 까다로운 여의사가 오면 어쩌나 걱정했는데 이렇게 서글서글한 사람이라 얼마나 다행인지 몰라요" 하고 말했다.

스미짱은 마음속의 어둠을 절대 남에게 보여주지 않는 사람이었다. 그녀는 늘 밝고 활발하며 배려심이 있어서 만나는 사람 모두가 좋아하는 그런 사람이었다.

한번은 큰어머니가 아침 식사로 만들어준 연어 알 간장 절임을 맛보고는 "와, 이거 진짜 맛있어요! 최고예요!"라고 감탄했다. 후에 그녀가 암에 걸려 병원에 입원했을 때도 "그때 그거 정말 맛있었어"라고 입버릇처럼 말했다. 그렇게 사랑스러운 그녀를 떠올리게 하는 것들은 참 많다.

우리는 특급 열차로 하코다테에 가서 여관에 머물며 온천을 즐겼다. 방에서 본 하코다테의 야경은 정말 아름다웠다. 스미짱은 보는 것, 먹는 것 하나하나를 전부 보물처럼 감격하며 즐거워해 주었다.

그것은 내 인생 최고의 여행이었다. 그녀와의 여행은 그렇게 내 가슴에 선명히 새겨진 소중한 추억이 되었다.

의연한 자세로 살아가는 법을 가르쳐준 친구

스미짱은 고생을 많이 하며 살아온 만큼 사람을 보는 눈도 나보다 정확했다. 체조 교실에서 그녀를 알게 되었을 때는 여전히 하나마치 여인과도 가깝게 지내고 있었다.

하나마치 여인에게 "나, 드디어 친구가 생겼어요!" 하고 기쁜 얼굴로 스미짱에 대해 말하자 그녀는 스미짱을 교토로 데려오라고 했다. 스미짱은 의아해하면서도 교토까지 와서 하나마치 여인을 만나주었는데 그녀를 만난 스미짱의 인물평은 사뭇 놀라웠다.

"이쿠코 말처럼 그분은 사람의 마음을 꿰뚫어 보는 힘이 있는 것 같아요. 사람의 앞날을 읽을 수 있는 머리가 아주 좋은 분이고요. 그런데 그녀가 하는 것은 일종의 물장사예요. 수입이 높은 사람은 얼마, 낮은 사람은 얼마 하며 사람에 따라 값을 매길 거예요."

스미짱의 말을 인정할 수밖에 없었다. 그 무렵에는 하나마치 여인이 비즈니스로 많은 사람을 만난다는 것을 알게 되었는데, 나는 그런 그녀에 대해 스미짱 같은 평가를 해본 적이 없었다. 스미짱에게 처음으로 사람 보는 눈을 배웠다.

한번은 스미짱이 회사에서 쫓겨나 금전적으로 힘들어한 적이 있었다. 그런 그녀를 보고 나는 안타까운 마음에 억지로 돈을 빌려주었다. 스미짱이 어떤 기분으로 돈을 받았는지는 모르겠다.

한 달쯤 지나 그녀는 다른 데서 돈을 융통해 내가 빌려준 금액을 전부 돌려주었다. 그때, 그녀는 화도 내지 않고 "이쿠코와는 계속 친구로 지내고 싶어서 그래요" 하며 웃었다.

흔히 직업이 의사라고 하면 좋은 의미에서든 나쁜 의미에서든 선을 긋는 사람이 많다. 그래서 나와 친구로 지내겠다는 그녀의 마음이 한층 더 고맙고 기뻤다.

하나마치 여인이 내게 보인 비즈니스 교제에 크게 실망하고 놀란 나는 스미짱을 좋아한다는 이유로 안이하게 그녀와의 사이에 돈을 끌어들이려고 한 것이다. 그런데 현명한 그녀의 행동을 보자 이내 나의 경솔한 행동이 부끄러워졌다.

그녀는 언제나 나에게 "이쿠코! 무엇을 해도 좋아요. 뭘 해도 좋으니까 기어서라도 살아야 해요" 하고 말했다.

나의 반복되는 비정상적인 행동을 한 번도 질책하지 않고 "당신은 외톨이라서 그래요" 하며 처음으로 나의 외로움을 이해해 준 사람이었다. 그녀는 정말로 '기어서라도 살아가는' 강인함과 각오를 갖고 있었다.

나는 매일 '죽고 싶다'는 생각뿐이었는데, 그녀를 보며 나보다 더 힘든 인생도 있다는 것을 알게 되었다. 그럼에도 의연하게 살아가는 그녀의 강인함에 좋은 영향을 받아 나는 다시 일어설 수 있었다고 생각한다.

의연한 자세로 살아가는 법을 가르쳐준 친구

내가 결혼할 수 있는 계기를 만들어준 것도 스미짱이었다. 그녀는 '죽고 싶은 병'에 사로잡힌 내게 "이쿠코는 그림을 잘 그리니까 그림 교실에 다녀 봐요! 기분전환이 될 거예요" 하고 권했다. 나는 스미짱의 말이라면 뭐든지 하고 싶은 의욕이 생겼다. 그녀를 좋아했던 나는 순순히 그 권유를 받아들여 그림 그리는 모임에 들어갔다.

모임에서 그린 그림은 병원에 가져가 복도를 장식하기도 했다. '열심히 그린 거니까 그림을 좋아하는 환자들에게도 보여줄까' 하는 단순한 마음으로 시작했는데 예상 외로 환자들이 무척 좋아했다.

"선생님! 오늘 그림은 정말 좋아요."

"이 무는 꼭 진짜 같은걸요."

이렇게 칭찬을 듣는 것이 너무 기뻐서 더 열심히 그렸다.

스미짱의 작전은 대성공이었다. 내 그림은 환자들뿐만 아니라 지금 내 남편이 되어 있는 한 남자의 눈에도 띄었다.

남편은 그림을 그리지는 않았지만 그의 직속 상사인 교수님이 그림을 좋아해서 어느 날 "아르바이트하는 병원에 그림 잘 그리는 의사가 있다"고 말을 꺼냈더니 나를 한번 보고 싶다고 한 모양이다. 그렇게 해서 그와 교수님 연구실까지 함께 가게 되었다.

남편 차로 연구실에 다니면서 우리는 조금씩 사이가 가까워졌다. 스미짱은 우리를 이어준 사랑의 큐피드이기도 하다.

점차 나는 자신을 포기하는 비정상적인 생활을 깨끗이 청산하기로 했다. 살기 위해 억지로라도 식사를 챙겨 먹었다. 남편은 지금까지의 시간을 되돌리려는 듯 필사적으로 살려고 하는 나를 곁에서 지켜봐주었다.

그녀가 없었다면 나는 결혼도 하지 않고 아직까지 타락한 삶을 살고 있을 것이다. 스미짱은 내 결혼을 자기 일처럼 기뻐하며 결혼식에도 와주었다. 내가 큰아이를 임신했을 때, 스미짱은 병원 검사에서 난소암 말기 판정을 받았다. 그녀는 "이쿠코는 그때 아기를 가진 귀한 몸이었으니까 나쁜 소식은 전할 수 없었어요" 하고 내가 출산한 후에야 그 사실을 털어놓았다. 암이 발견되었을 때는 암 덩어리가 이미 아기 머리만큼 커져서 치료 시기를 한참 놓친 상태였다. 그런 몸으로 그녀는 내 출산 소식을 듣고 축하하러 와준 것이다.

나는 스미짱의 병이 완치되기를 바라는 마음으로 스미짱과 남편, 갓 태어난 아들을 데리고 신사에 갔다. 오래 전, 죽음으로부터 도망치듯 매일 오가던 신사에서 했던 것처럼 힘껏 종을 울리고 배례를 했다.

그녀가 입원한 병실을 찾았을 때다. 나를 가족처럼 생각한

의연한 자세로 살아가는 법을 가르쳐준 친구

다는 그녀의 희망대로 주치의로부터 그녀의 상태를 전해 듣는 자리에 나도 함께했다. 병명을 들을 때도, 시한부 판정을 받을 때도 그녀는 담담했다. 그녀는 숨을 거두기 직전까지 의연함을 잃지 않았다.

하지만 그녀 홀로 병실 침대에 누워 불안과 억울함이 한꺼번에 밀려 들 때면 얼마나 많은 눈물을 흘렸을까. 그녀의 언니로부터 "동생은 이혼 후 만나지 못했던 딸을 마지막으로 볼 수 있었어요. 그때 얼마나 기뻐했는지 몰라요"라는 말을 들은 것이 그나마 작은 위안이 되었다.

스미짱의 마음을 모두 안다고 할 수는 없다. 분명한 것은 그녀가 마지막까지 참 자상한 사람이었다는 것이다.

"이쿠코, 앞으로는 자기 건강도 챙기면서 아기를 돌봤으면 좋겠어요" 하고 늘 나를 염려했다.

그녀는 내게 예쁜 코르사주도 만들어주었다. 투병 중에 "침대에 누워 멀뚱멀뚱 천장만 보고 있자니 너무 우울해져서 만들어봤어요"라며 손수 만들어 건네준 것이다. 딱히 할 일이 없어서만은 아니었을 것이다. 그녀에게는 가족의 병문안도 거의 없었기 때문에 고독과 외로움을 달래기 위해 코르사주를 만들었을 것이다.

마지막 병문안을 갔을 때도 "어떻게 이렇게 먼 곳까지 또 왔어요!" 하고 그녀는 진심으로 고마워했다. 학회에서 처음

으로 엄마에 대해 공개하며 다시 희망을 갖게 된 내 이야기를 처음 발표했을 때, 나는 정장 오른쪽 가슴에 그녀가 만들어준 코르사주를 달았다. "중요한 때 달아요" 하고 말한 그녀와의 약속을 지키고 싶어서였다.

사실 학술적인 자리에는 코르사주 장식이 어울리지 않지만 그때 나는 '스미짱, 보여요? 난 잘 살고 있어요!' 하고 그녀에게 전하고 싶은 마음이 간절했다.

그녀는 30대의 젊은 나이에 암으로 죽었고 나는 그 후 20년이 넘도록 살아 있다. 나는 살려고 발버둥 쳤던 친구의 억울함을 떠올리며 나에게 허락된 수명까지 잘 살아보려고 한다.

그녀와 친구로 지낸 시간은 내 인생에서 3년에 불과했지만 그 시간은 큰어머니와 함께 보낸 3년처럼 내 마음 속 깊은 곳에 굳건한 토대가 되어주었다.

3장

사람의 마음을
살리는 의사로
살게 해준
사람들

9

진심을 담은 자세를 가르쳐준
호스피스 의사

살아가는 사람과 살 수 없는 사람

호스피스 시설은 말기 암을 비롯해 난치, 불치병으로 죽음
을 앞둔 환자의 통증을 조절하거나 정신적인 도움을 주는 의
료시설이다.

의사가 되고 얼마 지나지 않아, 나는 일본에서 두 번째로
호스피스 시설을 개설한 정신과 의사인 가시와기 데쓰오 선
생님의 병동 회진을 3년간 견학할 수 있는 기회를 얻었다. 선
생님과는 서로 출신 학교도 다르고 인사한 적도 없었는데 어
떻게 명망 있는 선생님의 회진을 3년 동안이나 옆에서 지켜

볼 수 있는 귀중한 기회를 얻게 되었을까? 그것은 내가 보낸 편지 한 통이 계기가 되었다. 당시의 일이 떠오른다.

내가 연수의였을 때, 미국의 정신과 의사인 엘리자베스 퀴블러 로스가 쓴《죽음과 죽어감》이라는 책이 세계적으로 베스트셀러가 되었다. 1970년대 말기 암 환자와의 인터뷰를 토대로 퀴블러 로스가 암 환자의 심리분석을 기록한 책이다.

당시 일본에서는 진행 암의 경우, 의사나 보호자가 굳이 환자에게 병명을 알리지 않는 것이 의료계의 암묵적 합의였다. 그런 상황에서 이 책의 출현은 모두를 놀라게 했다. 내 주치의였던 정신과 교수님도 이 책에 관심을 갖고 그 방면의 연구를 하고 싶었던 모양이다.

그는 퀴블러 로스가 여성이라는 점에서 그렇게 생각했는지 나에게 "암 환자 케어는 여의사가 더 적합한 것 같네. 자네가 호스피스에서 죽음을 앞둔 사람의 심리를 연구해 봐" 하고 지시했다.

그때 내가 소속되어 있던 대학은 신설 의대라서 의사 수도 적었고 여의사라고는 나 하나뿐이었다. 이렇게 말하면 그 교수를 제멋대로인 사람이라고 생각할 수도 있지만 그 당시엔 모두 그런 분위기였다. 당시 의대는 소설《하얀 거탑》의 세계 그대로여서 그 교수님만 딱히 그랬던 것은 아니었다. 우리에

3장 사람의 마음을 살리는 의사로 살게 해준 사람들

게 의대 교수란 '우는 아이도 울음을 뚝 그치게 한다'는 말이
있을 정도로 무서운 존재였다.

원래 나는 의사가 되면 아동정신의학을 전공하기로 되어
있었다. 내가 딱히 아이를 좋아해서는 아니었다. 어쩔 수 없
이 정신과 의사가 되었지만 엄마와 같은 병을 앓는 사람들과
는 관계조차 하고 싶지 않았다. 저절로 엄마를 떠올리게 되기
때문이다.

엄마가 앓던 조현병은 주로 사춘기 이후에 발현되기 때문
에 어린이가 앓는 경우는 드물다. 그렇게 조현병 환자와 마주
칠 일이 없는 아동정신의학을 선택한 것이다. "정신과에 들
어오면 아동을 맡게 해줄게"라는 교수님의 말을 굳게 믿고,
아동 연구를 한 선배 밑에서 부등교와 발달장애아를 대상으
로 하코니와(箱庭, 모형정원) 요법과 요육(療育, 장애가 있는 아동을 치료
하면서 교육하는 것) 트레이닝을 맡아서 해왔다. 그런데 갑자기 교
수가 호스피스행을 지시한 것이다.

그때는 매일 내 자신이 '죽고 싶다'는 생각뿐인 때라 아무
리 의사라고 해도 호스피스 병동에서의 진료는 내가 감당할
수 있는 일이 아니었다. '선생님, 사실은 제가 죽고 싶어요…'
라고 교수님께 말하고 싶은 마음이 간절했지만, 어디서도 받
아주지 않는 나를 거두어준 고마운 분이었기 때문에 도저히
그렇게 말할 수는 없었다.

진심을 담은 자세를 가르쳐준 호스피스 의사

사실은 너무도 죽고 싶은 내가 의사로서 죽어가는 사람의 이야기를 들어야 한다니…. 그렇게 가슴 한 구석에 환자에게 미안함을 간직한 무거운 마음을 안고, 교수님 지시에 따라 매일 호스피스 시설에 다녀야 했다.

당시의 나는 죽음에 대해 묘한 친근감을 느끼고 있었다. 나에게는 사람들이 죽음에 대해 불편하게 생각하는 그런 부정적인 이미지가 전혀 없었다. 매일 신문을 펴들고 제일 먼저 부고란을 찾아보았다. 그러고는 '이 사람들, 이제는 마음 편하겠지…' 하며 부러워하기까지 했다. 그때의 나에게 죽음이란 곧 평온한 휴식을 의미했다.

가시와기 선생님을 만나기 전, 처음 연수한 곳은 일본에서 최초로 생긴 호스피스 시설이었다. 그곳에서는 입소자들에게 병명을 알려주지 않았다. 자신의 병명을 '알 권리'와 함께 '모를 권리'도 존중되었기 때문에 간판에는 '호스피스' 대신 '제15병동'이라고 쓰여 있었다.

나는 죽어가는 환자를 상대하는 것이 어떤 것인지, 그것이 얼마나 힘든 일인지 전혀 알지 못했다. 그래서 아무런 의지도 없이 그저 기계적으로 몸을 움직여 15병동으로 출근했다.

지금 생각하면 그것은 의사로서 정말 불손한 태도였다. 당시의 내 환자들에게는 아직까지도 너무 미안하다. 누군가에

게 '도움을 주자'는 마음가짐을 전혀 가지고 있지 않던 나는 당연히 환자에게 어떻게 말을 걸어야 할지도 전혀 모르는 상태였다.

연구 목적으로 나를 파견시킨 교수는 몇 개월이 지나도 보고서 한 장, 논문 하나 쓰지 않는 나에게 화가 나서 "당신은 대체 뭐 하는 사람이냐!"고 꾸짖기 일쑤였다.

여기에 입원한 사람들은 모두 수개월 정도의 시한부 판정을 받은 환자다. 그들은 나보다 훨씬 나이가 많은 분들이 대부분이었는데, 뼈와 가죽만 남은 앙상한 몸을 한 채 신경질적이고 날카로운 시선을 던지며 나를 쳐다보았다.

나에게는 그동안 우호적이고 친근하게만 느껴졌던 죽음을 이렇게 암울한 환경에서 마주하고 있자니, 이제 그것은 불쾌함을 동반한 미지의 존재로 다가왔다. 나는 방사선과나 마취과 의사가 아니라서 그들의 통증을 완화시켜줄 수도 없었다. 경험이 풍부하고 노련한 내과 의사처럼 환자의 통증에 대해 집중해서 들어주며 안심시켜줄 수도 없었다. 그런 나를 이런 곳에 파견하다니 '교수님은 대체 무슨 생각일까' 하며 원망스럽기만 했다.

의국을 그만둘 각오로(말은 그렇게 해도 사실 달리 갈 곳은 없었다) '호스피스는 제게 무리입니다. 그만하게 해주세요' 하고 교수님께 말할까 말까, 수없이 망설였다.

어느 날, 여느 때처럼 병동 홀에서 멍하니 서 있는데 한 환자가 나를 보며 손짓했다. 쭈뼛거리며 천천히 그에게 다가가자 그는 불쑥 "나한테 물어볼 말이 있으면 뭐든 물어봐요" 하고 말했다. 갑자기 뭐라고 대답해야 좋을지 알 수 없어 한참을 고민했다. 그가 침대 머리맡에 앉게 해주었는데도 무슨 말을 해야 할지 도무지 입이 떨어지지 않았다. 그럴 때는 어설프게 퀴블러 로스를 흉내 내봤자 아무런 소용도 없었다.

그때 환자가 먼저 "나는 원래 어부였어요" 하고 말을 꺼냈다. "선생님은 의사가 된 지 몇 년이나 됐어요?" 하고 거꾸로 나에게 질문을 해왔다. 그 덕분에 조금씩 대화가 이어져 30분쯤 지나, 어설프게 "고맙습니다" 하며 인사를 하고 병실을 나왔다. 도저히 '내일 또 오겠습니다'라는 말은 나오지 않았다. 그리고 그곳에서는 그런 약속은 할 수 없었다. 호스피스 병동은 전날 복도에서 마주친 사람이 다음 날 사망하고 더 이상볼 수 없는 것이 그저 일상인 곳이었다.

다행히 그 환자와는 그 후에도 몇 번인가 더 이야기를 나눴다. 분명히 그는 손녀뻘인 내가 힘들어하는 걸 눈치챘을 것이다. 그가 '뭐든 물어도 좋다'고 해서 처음에는 교수님이 지시한 '죽어가는 사람의 심리'를 물을까 생각했는데 말하다 보니 그런 것이야 어찌되든 상관없었다.

머지않아 확실하게 생을 마감할 각오를 한 사람이 차분히 옛날을 돌아보는 이야기는 듣는 이의 마음을 차분하게 만들었다. '이런 인생도 있구나…' 하고 감탄하며 많은 생각과 감정이 오가는 시간이었다. 그것은 말하는 사람이 최선을 다해 자신의 인생을 살았을 때 할 수 있는 이야기였다.

호스피스 병동에서 만난 그와의 대화는 죽음에 대한 내 생각을 다시 한번 바꿔버렸다. 나는 이제 '논문을 쓰기 위해서'가 아니라 '죽어가는 사람의 마음'이 정말로 궁금해졌다. 한때 내가 절실히 원했지만 이루지 못한 '죽음'에 대해 더 알고 싶어졌다.

그 무렵, 일본에서 두 번째 호스피스 시설이 오사카에 생겼다. 15병동에 다녔을 때, 오사카 호스피스가 개설을 위해 기부금을 모은다는 소리를 듣고 태어나서 처음으로 기부를 했다. 기부금 감사장을 우편으로 받았는데 보낸 사람의 이름에 '호스피스 개설준비 실장, 정신과 의사, 가시와기 데쓰오'라고 적혀 있었다.

같은 정신과 의사라서 친근감이 들었다. 그를 만나고 싶었다. 이 의사는 죽음에 대해 어떻게 생각하고 있을까….

그동안 모든 것에 의욕이 없고 무기력해서 '어차피 죽을 건데 뭘 하든 무슨 소용이람!' 하고 자포자기한 상태였지만 이제는 순수하게 '죽음을 알고 싶다'는 생각이 들었다.

이때 나는 인생 계단을 또 하나 올라 선 것이다.

가시와기 선생님에게 편지를 썼다. 어떤 목적을 갖고 있고 무엇을 배우고 싶다는 구체적인 내용은 쓸 수 없었다. 그냥 '죽음에 대해 알고 싶다'고 솔직하게 말했다.

선생님은 편지에 써둔 집 전화번호로 직접 전화를 해왔다. 수화기를 들었을 때 "가시와기입니다" 하는 목소리를 듣는 순간, 심장이 멎는 것만 같았다. 같은 대학 출신도 아닌 젊은 의사의 편지는 관심 없을 거라고 각오했었는데, 뜻밖에도 회진을 견학해도 좋다는 허락이 떨어졌다! 나는 전화기에 대고 몇 번이고 고개를 숙이며 진심으로 감사의 마음을 전했다.

다음 날 근무처 원장에게 "그 호스피스에서 공부하고 싶습니다. 한 달에 한 번만 휴가를 주세요. 그곳에서 배운 것은 꼭 이 병원 환자들에게 환원하겠습니다" 하고 애원해서 오사카 행을 허락받았다.

그렇게 해서 3년간 매주 수요일마다 하마마쓰에서 오사카까지 오가며 회진 견학을 했다. 오랜만에 적당한 긴장감 속에서 '열심히 해야 한다'는 각오도 생겼다. 회진을 하며 오간 선생님과 다른 스태프와의 대화도 충실히 기록했다. 그 3년 동안의 메모장은 지금도 보물처럼 소중히 간직하고 있다.

그 일부를 소개한다.

진심을 담은 자세를 가르쳐준 호스피스 의사

턱에서 시작된 암이 온몸으로 전이된 젊은 남성 ─ 기관을 절 개했기 때문에 말을 할 수 없어서 전부 필담. 이대로 있으면 점점 커 지는 암 덩어리 때문에 혀가 튀어나와 질식하고 만다.

수술은 환자와 가족이 강하게 거부했다. 지금 할 수 있는 것은 하루 종일 가래를 뽑아내는 정도다. 환자의 의지를 읽기 어렵다. 가 족의 불안이 커져서 자택으로 외박도 쉽지 않다. 심신이 극도로 지친 담당 간호사를 위한 회의가 열렸다.

가시와기 선생님 ─ 환자와 가족의 고통을 자신도 '나눠 가지려 면' … 마음이 아니라 우선 '머리'로 이해시킬 것. 가령, 통증(pain) 조 절이 지금은 이렇게 잘 되고 있다… 등등. '머리'가 이해하면 '마음' 도 이해한다.

병동을 관리하는 수간호사 ─ 환자 마음도 중요하지만 스태 프의 마음도 생각하지 않을 수 없다. 자신의 마음이 환자에 대해 어 떤 식으로 반응했는지 반드시 확인할 것. 그것을 '자기 노트'에 써 볼 것. 글로 써서 마음이 차분해지면 모두와 의논해 본다. 이런 과정 을 여러 번 반복하면 차츰 '받아들일 수 있게' 된다. 시간을 들이자. 시간을 들여도 성과가 나오지 않는다고 초조해하지 말자. 같은 일이 계속 반복돼도 '나는 이렇게 되고 싶다'는 마음을 버리지 말자.

30년이 지난 지금도 메모장을 펼치면 가시와기 선생님과 간호사가 한 말들을 단어 하나, 문장 하나 놓치지 않겠다고 열심히 메모했던 과거의 내가 떠오른다.

이때 나는 호스피스 시설에서 체험한 의료지식뿐 아니라 사람으로서 필요한 삶의 방식에 대해 상세히 들을 수 있었다. 이런 말들이 피가 되고 살이 되어 마음의 병을 앓는 환자에 대한 의사로서의 기본자세가 만들어졌다. 다시 한번 회진 견학을 허락해 준 가시와기 선생님과 시설의 환자, 그 가족들에게 감사한다.

3년간 다녔던 호스피스 시설, 그곳은 정말 죽음과 정면에서 만나는 곳이었다. 우리는 가시와기 선생님, 간호 스태프들과 함께 환자의 죽음을 지켜보았다. 그곳은 기독교 정신을 토대로 만들어진 곳이어서 병동 안에 '기도의 방'이 있었다. 그런데 막상 기도의 방에 들어가 기도하는 사람은 환자나 가족보다 스태프가 훨씬 많았다.

한 사람 인생의 마지막 순간을 보다 편안하고 행복한 시간으로 만들어주기 위해 그곳의 의사, 간호사, 사회복지사들은 모두가 한마음으로 최선을 다했다. 그런 만큼 환자의 갈등과 고통도 그들에게 고스란히 전해졌다.

때로는 환자의 향후 치료에 대해 스태프들 사이에서 의견이 맞지 않아 담당 의사가 눈물 흘리는 모습도 자주 보았다.

진심을 담은 자세를 가르쳐준 호스피스 의사

그럴 때는 회의를 열어 각자 자신의 마음과 마주하고 이해할 때까지 충분히 의견을 나누었다.

'사람이 누군가의 버팀목이 되어준다'는 것은 현실적으로 참 무겁고 힘겨운 일이다. 그래도 사람에게는 그것을 멈추지 않고 계속해나가는 강한 힘이 있다. 사람의 버팀목이 되어주는 것 역시 사람이라는 것을 나는 그곳에서 배웠다.

죽음은 모든 것을 잃게 하지만 동시에 중요한 무엇을 가져다준다. 죽음에 대한 내 생각은 그렇게 바뀌었다. 죽음을 눈앞에서 지켜보며 점점 생각이 바뀌자 사는 것은 무엇인지, 살아갈 수 없다고 느끼는 것은 왜인지 그 의미에 대해서도 조금씩 알게 되었다. 이후 나는 정신과 의사로서 내 미래를 진지하게 고민했다.

'다시 아동정신의학을 해보자! 교수님께 아동정신의학을 시켜달라고 부탁하자'고 결심했다. 처음에는 조현병 환자와 마주하기 싫어서 아동정신의학을 선택했지만 이제는 진심으로 미래를 살아갈 아이들을 위해 일하고 싶어졌다.

'살아갈 수 있는' 힘을 가진 한 명의 인간으로서, 앞으로 살아갈 날이 많은 아이들의 치료에 조금이라도 도움이 되고 싶었다.

어느새 나는 그렇게 '살아갈 수 있는 인간'이 되어 있었다.

호스피스 시설에서는 귀한 추억이 참 많았다. 특히 '웃음'에 대한 추억은 강렬하게 남아 있다.

가시와기 선생님은 회진 중에 늘 농담을 던져 주위를 웃게 만들었다. 환자는 모두 시한부 판정을 받은 사람들이다. 진료는 심한 복수(腹水)와 코끼리 다리처럼 퉁퉁 부은 다리에 대한 케어처럼, 완치가 아니라 고통을 완화해 주는 데 중점을 둔다. 개중에는 "내가 얼마나 더 살 수 있나요?" 하고 직접적으로 물어오는 환자들도 있었다.

그런 긴박하고 무거운 공기 속에서 울려 퍼지는 선생님의 썰렁한 농담 덕분에 잠시나마 환자와 가족, 간호사의 굳은 얼굴이 풀어지곤 했다. 웃음은 굳은 마음도 스르르 풀어준다. 선생님의 회진은 그런 진실을 실감하게 해주었다.

선생님은 그런 엄청난 의학적 효과를 가진 농담을 만들어내기 위해 무대 뒤에서 숨은 노력을 거듭했다. 회진 짬짬이 시간이 날 때마다 농담거리를 생각하고 '이거다' 싶은 것은 항상 메모장에 기록했다.

때로는 옆에 있던 내게 "이 농담, 어때?" 하고 미리 반응을 확인해 본 적도 있다. 솔직히 말하자면 그 농담은 조금 썰렁했지만 선생님의 열의를 생각해 "재미있어요!" 하고 밝게 대답하곤 했다. 그러면 그는 무척 기쁜 얼굴로 오후 회진에서 당장 그 농담을 써먹었다. 약간 썰렁한 농담이라도 선생님의 애교로 비쳐졌기에 듣는 사람 모두가 좋아했다.

그런 썰렁한 농담 하나를 소개한다. 당시 TV에서는 '당신은 만드는 사람, 나는 먹는 사람'이라는 카레라이스 광고가 유행했다. 선생님은 그 광고를 흉내 내서 "당신은 죽을 사람, 나는 살 사람…이, 아니라 나도 언젠가 죽을 사람입니다" 하고 말했다. 삶과 죽음조차 카레라이스 광고에 빗대어 농담을 던질 수 있다니! 나는 그가 그런 농담을 던질 때마다 늘 감동했다.

수년 전에 전국정신보건복지회연합회 '민나네트'의 전국대회에서 강연을 한 적이 있었다. 나는 그때 강연 제목을 선생님의 농담을 빌려 와 '당신은 환자, 나는 치료하는 사람… 이, 아니라 나도 환자 가족입니다'로 정하기도 했다.

선생님은 그렇게 주위에 환한 웃음을 뿌리고 다녔지만, 간혹 직원이 병동 복도를 종종걸음으로 빠르게 이동할 때면 매섭게 야단을 쳤다.

"이곳에 계신 분들의 시간은 우리의 시간과는 달라요. 1분, 1초도 허투루 쓸 수 없어요. 소란스런 소리에 신경이 쓰이지 않도록 우리가 조심해야 합니다."

그는 평소에는 한없이 자상하지만 이때만큼은 무척 진지

하고 엄격한 얼굴이 되었다. 나는 그의 말을 들으며 이것이야말로 '호스피스 스피릿(Hospice Spirit, 진심을 담아 환자를 보살피는 정신)'이라고 생각했다.

환자와 의사 사이에 꼭 필요한 유머와 웃음

호스피스 시설에서의 경험은 내게 많은 깨달음을 주었다. 그로부터 30년이 지난 초여름의 어느 날, 나는 모교인 하마마쓰 의대를 찾았다. 이곳에서는 역시 대학생활의 즐거운 기억을 한 조각도 찾을 수가 없었다. 졸업할 때 '두 번 다시 이곳에는 오지 않겠어!'라고 다짐했었다.

그러나 뜻하지 않게 이곳에서도 엄마와 내 과거 삶에 대해 공개하게 되었고, 많은 사람이 내 이야기를 진지하게 들어주었다. 그렇게 많은 지인이 생기면서 처음으로 돈이 아닌 '사람 부자'가 되었다. 사람들로 둘러싸인 나날 속에 스스로 벽을 만들어두고 굳어 있던 내 마음도 어느덧 조금씩 풀어져 그들을 받아들이고 있었다.

이제 평온한 행복을 느끼고 즐길 수 있게 되었을 무렵, 어느 날 모교 간호학부 선생님으로부터 "학생들에게 나쓰카리 씨의 환자 가족으로서, 또 환자로서의 기분을 말씀해 주실 수 있을까요?" 하는 의뢰를 받았다.

진심을 담은 자세를 가르쳐준 호스피스 의사

'내가?'

순간 놀라고 당황하지 않을 수 없었다.

교수회에서 자퇴 권고를 받았던 나였다. 자해와 자살 시도, 섭식장애와 사람 기피…. 더없이 혼란스럽던 내 학생시절을 떠올리며 '살다 보니 이런 일도 있구나! 인생은 정말 알 수 없는 것이다' 하고 새삼 깨달았다.

그렇게 나는 수십 년 만에 모교에서 간호학부 학생들에게 강의를 했다. 간호학과 3학년은 평균 21세의 젊은이들이었다. 눈부시게 젊고 활기 넘치는 그들의 얼굴에 압도되면서 나는 최선을 다해 강의했다.

마무리 질의응답 시간. 보통 이런 강의에서는 질문이 거의 나오지 않는 것이 상식이라서 아무도 손을 들지 않을 거라고 생각했다. 그런데 여기저기서 번쩍번쩍 손이 올라왔다.

"선생님은 정신과 의사를 그만두고 싶다고 생각한 적 없으세요? 있다면 어떤 때였나요?"

"정신과 의사가 부족한 탓인지 어디를 가든 환자로 붐벼서 진료 시간이 부족하다는 말을 들었습니다. 선생님은 어떻게 환자를 진료하세요?"

"수십 년 만에 모교에 오시니 어떤 생각이 드셨어요? 모교의 변화를 어떻게 생각하세요?"

하나같이 예리한 질문들이었다. 간호학부 학생들의 순수함과 솔직함이 느껴져 무척 기뻤다. 그중에 내가 대답하기 곤란했던 질문이 하나 있었다.

"환자와 의사 관계에도 유머와 웃음이 필요하다고 하는데, 선생님은 진료하실 때 유머와 웃음을 어떻게 사용하세요?"

이 질문이 나온 데는 이유가 있다. 나는 2015년에 전국의 정신과 환자와 그 가족을 대상으로 정신과 의사의 소통 능력을 평가하는 조사를 실시했다. 조사의 여러 항목 가운데 '당신의 주치의를 어떤 동물에 비유할 수 있나요?' 하는 질문을 만들었다.

내가 의사라는 입장만 있었다면 이런 질문은 만들지 않았을 것이다. 환자의 가족, 그리고 환자의 입장에서 주치의에게 질문하는 것이 얼마나 어려운 일인지 나는 잘 알고 있었다. 특히 처방받은 약의 부작용이 너무 심해 주치의에게 말하고 싶어도 말을 꺼내지도 못하고 쓰레기통에 약을 버린 적이 얼마나 많았던가. 주치의한테 "의대생이라는 사람이 그게 무슨 짓인가!" 하고 크게 혼났지만 나는 진작에 환자와 의사의 관계가 대등하지 않다는 사실을 깨달았다.

그런 경험에서 대등하지 않은 관계를 완화할 방법을 고민하다 만든 것이 주치의를 동물에 비유하는 질문이었다. 강의를 들은 학생들은 '맞아…' 하며 공감해 주었을 것이다. 그러고 나서 한 걸음 더 나아가 '그런 질문을 만든 자신은 환자를 진찰할 때 활용할 수 있는 유머를 짜내기 위해 어떤 노력을 하느냐'고 내게 물어온 것이다.

나는 그때 곧바로 대답하지 못했다.

'환자와 의사 사이에는 유머가 필요하다'고 주장하면서도 나 역시 환자를 진찰할 때 어떻게 해야 할지 고민하지 않았기 때문이다. 대답에 궁색하던 차에 호스피스 시설의 가시와기 선생님이 생각났다.

"나는 그다지 유머 감각이 없어서 유머 감각이 있는 사람에게서 유머를 빌려 와요" 하고 솔직하게 대답했다. 가시와기 선생님이 농담거리를 생각하던 모습이 떠올랐기 때문이다. 선생님은 심각한 내용을 말해야 할 순간이야말로 웃음이 필요한 순간이라고 내게 가르쳐주었다.

10

웃으며 인정하는 법을 가르쳐준
만화가

마음의 아픔을 치유한 웃음의 힘

만화 《우리 엄마는 병이 있어요》의 작가인 나카무라 유키 씨는 내 인생의 문을 활짝 열어준 사람 중 하나다. 그녀의 책을 읽고 나서, 나는 사람들에게 엄마에 대해 주저없이 공개했다.

그녀의 만화를 몰랐다면 절대로 엄마에 대해 공개할 수 없었을 것이다. 또, 이 책을 쓰지도 못했을 것이다. 한편으론 한없이 엄마를 가여워하면서도 의사로서, 딸로서 우울함을 지우지 못한 채 평생을 어둡게 살았을 것이다.

사람과의 만남은 정말 신기하다. 똑같은 사람을 만나도 만

나는 시기에 따라 '스쳐 지나가는 사람'이 되기도 하고 '인생의 문을 활짝 열어주는 사람'이 되기도 한다.

유키 씨가 내 인생의 문을 열어준 사람이 된 것은 그녀를 만나기 전에 이미 큰어머니부터 호스피스 시설의 환자들까지 많은 사람과의 중요한 만남이 있었기 때문이다. 그 만남 하나하나가 이어져 유키 씨의 만화에 이르게 된 것이다.

엄마는 78세에 돌아가셨다. 유키 씨가《우리 엄마는 병이 있어요》를 출판한 것은 그로부터 2년 후였다.

78세의 죽음이란 사회적 통념으로는 장수했다고 할 수 있지만 나는 늘 엄마가 100세까지 살아 있을 거라고만 생각했다. 엄마를 불행한 사람이라고 여기고 가여워했지만 그녀는 동시에 내 삶 전반에 걸쳐 나를 위태롭게 한 결정적인 사람이기도 했다. 왠지 엄마는 내 인생 끝까지, 영원히 존재할 것처럼 느껴졌다. 엄마가 없는 내 인생은 생각하기 힘들었다. 비록 좋은 의미가 아니라 할지라도….

그래서 옆에서 돌볼 사이도 없이 갑작스레 세상을 떠난 엄마의 죽음은 너무도 뜻밖이었다. 근래 눈에 띄게 늙어버린 엄마를 보고 정신병에 육체의 병까지 더해지면 어쩌나 걱정이됐었다. 급격히 노쇠해진 엄마의 상태는 상의할 형제도 없는 외동딸인 나에게 마치 미지의 세계에 발을 디딘 것 같은 불안함을 안겨 주었다. 그러나 상상도 못한 엄마의 갑작스런 죽음을 맞이하자 마치 미지의 세계에서 자신을 지키기 위해 방어 자세로 치켜든 손이 갈 곳을 잃어버린 것처럼 얼떨떨했다.

담담하게 장례식과 엄마의 집 정리를 마쳤지만 마음속으로는 있어야 할 곳에 커다란 구멍이 뚫린 것 같은 기묘한 느낌이 몇 개월이나 계속되었다.

'엄마는 나에게 무엇이었을까.'

엄마는 내 인생에 끼친 영향이 너무 커서, 전체를 볼 수 없을 만큼 거대한 구멍이 마음에 뻥 뚫린 것만 같았다. 그것은 엄마가 돌아가시기 16년 전, 아버지의 죽음과 마주했을 때와는 전혀 다른 느낌이었다.

그러던 어느 날 아침, 문득 신문을 펼쳤는데 어느 광고에 시선이 멎었다.

《우리 엄마는 병이 있어요》의 책 표지 중앙에 유키 씨 어머니의 얼굴이 크게 그려져 있었다. 어머니의 눈에서는 눈물이 흐르고 있었다.

나는 뭔가에 이끌리듯 책을 주문했다. 책을 손에 들고 나자 한 장 한 장 책장을 넘기는 것이 너무 무서웠다.

'고통스럽고 아팠던 엄마와의 생활이 재현 드라마처럼 생생하게 그려져 있으면 어쩌나…. 나는 아무렇지 않게 이 책을 볼 수 있을까….'

그런 공포가 머리를 스쳤지만 그때의 나는 그럼에도 책장

웃으며 인정하는 법을 가르쳐준 만화가

을 넘길 수 있을 만큼 강해져 있었다.

책을 다 읽고 났을 때의 기분을 나는 아직까지 잊을 수 없다. 책에는 조현병을 앓는 어머니와 유키 씨의 34년에 걸친 생활이 상세히 그려져 있었다. 그것은 실로 장대한 세월이었다.

유키 씨와 어머니의 말 하나하나에 내 어릴 적 생활이 그대로 겹쳐졌다. 책을 읽으면서 몇 번을 울었는지 모를 만큼 많은 눈물을 쏟아야 했는데, 다 읽고 난 후에는 신기하게도 나를 괴롭혔던 커다란 구멍이 메워지듯 마음이 치유되는 느낌이었다.

이 만화에는 '웃음'이라는 치유의 힘이 고스란히 남겨 있었다. 그래서 가시와기 선생님이 가진 유머의 힘처럼 슬픈 사람을 웃게 하고 마음을 풀어주는 힘이 담겨 있었다. 지금도 그 만화를 생각하면 떠오르는, 웃음이 터지는 장면이 있다 .

'죽여버리겠다'는 무언가의 환청에 사로잡힌 유키 씨의 어머니가 신발을 신은 채로 남의 집에 뛰어 들어가 도움을 청한다. 그런 그녀를 시어머니(유키 씨의 할머니)가 데리러 간 장면이다.

집 주인에게 빌면서도 며느리에게 "왜 이런 짓을 하는 거냐! 정말 꼴사나워!" 하고 불같이 화를 내는 시어머니. 시어머니는 눈도 코도 없는 '밋밋한' 얼굴 중앙에 '시어머니'라고 적혀 있다. 멀찍이서 유키 씨의 어머니를 구경하는 이웃은

'The 이웃'이라고 쓰인 티셔츠를 입고 있다.

상당히 심각한 장면인데도 유머러스한 장면이다. 분명하지 않은 터치의 그림이 주는 효과도 그런 분위기를 자아내는 데 한몫하고 있다. 그 장면을 보면서 깨달은 것이 있다.

편견이란 결국 눈도 코도 없는 밋밋한 얼굴의 사람들이 그 저 쉽게 내뱉는 말이 아닐까….

엄마가 한창 주위에 피해를 끼쳤던 때가 떠올랐다. 집 밖에 나가면 이웃집 창문을 통해 우리를 엿보는 은근한 시선들이 느껴졌다. 전차를 탔을 때는 쉼 없이 혼잣말을 중얼거리는 엄마 옆에 아무도 앉지 않았다. 엄마와 눈이 마주치치 않게 조심스레 힐끗거리는 승객들의 경멸을 담은 차가운 시선들….

유년기와 사춘기 시절의 내 기억은 늘 그렇게 슬프고 어두운 장면으로 채워져 있다. 그러나 달걀귀신처럼 밋밋한 시어머니의 얼굴과 'The 이웃'이라고 쓰여 있는 티셔츠를 보면서 나는 왠지 모르게 힘이 빠졌다. 그전까지 어깨에 잔뜩 힘을 주고 '어디, 내가 비웃음당할 줄 알아?' 하고 방어 자세를 취하게 했던 무언가가 웃음과 함께 스르륵 빠져나갔다.

그 후로는 엄마와의 생활을 떠올리는 것이 그다지 무섭지 않았다. 어둡고 추웠던 시간임에는 변함없지만 동시에 달걀귀신 같은 만화 속의 밋밋한 얼굴도 함께 떠올리게 되었기 때문이다.

《우리 엄마는 병이 있어요》(나카무라 유키 지음) 23p.

'웃음'의 힘이란 참 대단하다. 영원히 안고 살아갈 줄 알았던 고약한 트라우마를 없애는 확실한 치료가 됐다! 유키 씨의 책을 보며 나는 진심으로 감탄했다. 내가 그 책을 끝까지 읽을 수 있었던 것은 그녀의 만화가 유머로 채워져 있었기 때문에 가능한 것이었다. 슬픈 이야기를 진지하고 비참하게 그려냈더라면 정신적으로 너무 힘들어서 도저히 끝까지 읽을 수 없었을 것이다.

유키 씨의 만화에는 그 외에도 깜짝 놀랄 만한 장면들이 있었다. 어머니의 상태가 악화되어 유키 씨가 친구와 놀 수 없게 되었을 때 친구가 그 이유를 묻자 그녀는 "내일은 '축제'가 있어서 그래" 하고 대답한다. 정신질환의 악화를 '축제'라고 표현한 것이다.

그 장면을 보고 나는 정말 깜짝 놀라고 말았다.

'세상에 어떻게 이런 발상을!'

간호학부 학생의 질문에 말문이 막혀버린 나의 굳은 머리로는 도저히 유키 씨처럼 난이도 높은 '유머'를 생각해 낼 수 없다. 그 무엇도 유쾌하게 승화시킬 줄 아는 천부적인 유머 감각을 가진 그녀가 진심으로 부러웠다.

막연히 유키 씨와 가시와기 선생님 모두 오사카 사람이어서 간사이(교토, 오사카, 고베를 중심으로 하는 일대―옮긴이) 사람은 유전적으로 유머 감각을 갖고 있을 거라고만 생각했는데(일본식 코

미디인 '만담'은 에도시대부터 존재했는데 오사카에서 크게 발전했다—옮긴이), 가시와기 선생님의 숨은 노력이 떠올랐다.

타고난 유머 감각도 필요하지만 역시 '웃음 뒤에는 끊임없는 노력이 있다'고 생각한다.

시나가와역에서의 첫 만남

유키 씨의 만화를 읽게 된 것은 55세가 되던 해였다. 나는 55년을 살아오면서 유키 씨 같은 발상을 가진 사람을 본 적이 없었다. '이 사람과 만나보고 싶다!'는 생각이 강하게 들었다. 그간 사람과의 교류를 무조건 두려워했는데 어느 순간부터 '만남의 힘'을 강하게 믿게 된 것이다.

그래서 유키 씨의 책을 펴낸 출판사에 편지를 보내 작가를 만나게 해달라고 부탁했다. 좀처럼 답장이 오지 않아서 포기하려던 차에 유키 씨로부터 연락이 왔다.

"답이 늦어서 미안합니다. 출판사에서 보낸 편지를 어제야 받았어요" 하고.

가시와기 선생님의 전화를 받았을 때처럼 가슴이 뛰고 하늘에 뛰어오를 만큼 기뻤다. 왠지 내 인생의 무엇이 크게 바뀔 것 같은 예감이 들었다.

그렇게 7년 전, 시나가와역에서 처음 유키 씨를 만났다. 우

웃으며 인정하는 법을 가르쳐준 만화가

리는 서로 얼굴을 모르는 상태였기 때문에 유키 씨가 역 개찰구에서 《우리 엄마는 병이 있어요》를 들고 기다려주었다. 사람들로 붐비는 역에서도 그녀는 상당히 눈에 띄었는데, 역시 내가 나름대로 생각했던 그대로의 모습이어서 기뻤다.

우리는 역 근처 찻집에서 6시간 동안 쉬지 않고 이야기를 나누었다. 그때의 나는 이전에 비하면 상당히 건강한 상태였다. 업무적인 일도 아닌데 시즈오카에서 도쿄까지 갈 힘이 있었기 때문이다.

그러나 유키 씨는 2년 후 내가 쓴 책 《마음의 병을 앓는 어머니가 남겨준 것》의 '추천의 말'에서 당시의 내 첫인상에 대해 이렇게 말했다.

의사라고 하니까 만화의 효과음으로 표현하면 '흠!'(위엄이 있다) '푸근'(자상할 것 같다), '당당!', '척!'(수완가, 자신만만) 정도의 느낌이 아닐까 생각했는데, 실제로 나타난 나쓰카리 선생은 어딘가 공허하고 금방이라도 사라져버릴 것 같은 분위기로… 작고 가는 글씨로 '슥'이라는 효과음을 넣고 싶은 여성이어서 조금 걱정도 되었다.

그렇구나, 아직 그렇게 보였구나… 이 글을 본 나의 마음은 착잡했다. 첫 만남에서 나는 상당히 어두운 사람으로 보인 모양이다. 그런데 나도 유키 씨를 어두운 사람으로 보았다. '이상하다, 만화에서 보여준 통통 튀는 발랄함은 어디 간 걸까' 하고 의아해하면서도 많은 이야기를 나누었다.

우리는 둘 다 어머니가 무거운 존재였고, 증상이 심할 때 엄마의 얼굴이 마치 '반야의 탈'을 닮은 무서운 여자로 보였다는 것도 똑같았다.

그전까지 나는 처음 만나는 사람에게 엄마에 대해 솔직히 말한 적이 없었기 때문에 내가 주로 유키 씨에게 "그때, 어떤 기분이었어요?" 하고 물어보는 쪽이었다.

유키 씨는 나와 친해지고 나서 그때의 일을 이렇게 털어놓았다.

"실은 나쓰카리 씨가 너무 어두워서 나도 일부러 어두운 표정을 지었어요. '이 사람은 아직 온전히 어머니를 받아들이지 못하고 있구나' 하고 생각했죠. '받아들이지 못한 사람은 기다려줘야 한다'고 생각했어요."

정신과 의사인 내가 오히려 그녀에게 진찰을 받은 것이다.

유키 씨는 그렇게 배려하는 마음을 가진 사람이었다. 문득 스미짱이 떠올랐다.

"나는 남에게 뭔가를 받는 것에 익숙하지 않아요. 어리광 같은 건 아예 부릴지도 몰라요" 하는 혼잣말에서 유키 씨의 어린 시절을 가늠할 수 있었다. 그리고 마찬가지로 '불쌍한

웃으며 인정하는 법을 가르쳐준 만화가

아이'였던 내 어린 시절도 떠올랐다.

그로부터 수년 후, 유키 씨가 작고 가느다란 글씨로 '슥!'이라고 표현했던 나는 모두가 '사람이 이렇게까지 변할 수도 있구나!' 하고 놀랄 만큼 완전히 달라져 있었다.

나를 변화시킨 '공개'의 힘

나는 유키 씨가 '어머니처럼 정신질환으로 고통받는 사람과 가족이 없기를' 바라는 마음으로 만화를 출판했다는 사실에 충격을 받았다.

만화에는 힘들었던 이야기뿐 아니라 정신과 의료를 받기 위한 지혜와 온갖 궁리가 담겨 있다. 의료 전문가가 아닌 유키 씨가 실명을 공개하면서까지 이렇게 애를 쓰는데, 정신의학 전문가인 나는 그동안 무얼 하고 있었던 걸까⋯. 그렇게 생각한 순간, 인생의 무거운 문이 요란한 소리를 내며 열리는 것만 같았다.

'유키 씨가 만화로 세상에 호소한다면 나는 논문을 써서 의료계에 호소하자!'라고 마음먹었다.

그렇게 해서 유키 씨의 어머니와 우리 엄마를 사례로 들고 가족인 유키 씨와 나의 회복과정을 논문으로 썼다. 쓰면서도 스스로 '이런 논문은 나도 본 적이 없다'고 생각했다. 나와 엄마를 '사례1', '사례2'로 썼을 때, 분명한 각오가 섰다.

'그래, 이렇게 된 이상 창피할 것도 없고 체면을 생각할 것
도 없다!'

나는 유키 씨를 떠올리며 열심히 논문을 썼다. 그녀의 존재
는 나에게 힘찬 응원이 되어주었다.

논문이 완성되자 막상 어디에 투고해야 할지 망설여졌다.
기왕이면 일본에서 정신과 의사들이 가장 많이 읽는 의학전
문지에 투고하고 싶었다. '정신장애자의 진짜 인생을 알리고
싶다! 환자의 가족은 실제로 이런 생각을 하고 있다!'고 많
은 정신과 의사에게 말하고 싶었다. 그래서 의사들이 내일부
터 조금이라도 환자와 그 가족들을 배려하는 마음으로 진료
할 수 있게 되기를 바랐다.

최종으로 논문을 투고한 의학 전문지는 엄격한 심사로 유
명한 곳이어서 쉽게 논문을 실어주는 곳이 아니었다. 그래서
나와 가족을 사례로 한 논문은 전대미문이라며 돌려보낼지도
모른다고 단단히 각오하고 있었다. '그렇게 되면 그 다음엔
작은 잡지에 실어달라고 하자'는 다음 계획까지 세워두었다.

냉정하게 퇴짜 맞을 것을 각오하면서도 그 잡지에 투고한
것은 일본의 정신의료계를 이끄는 사람들이 심사를 했기 때
문이다. 그들이 이 논문을 읽고 어떻게 느낄지가 무척 궁금했

다. 게다가 심사에서 떨어진다고 해도 탈락한 이유까지 들을 수 있다. 그 이유를 통해 일본 정신의료계 권위자들의 생각을 알고 싶은 욕구가 있었다.

그런데 예상치 못한 일이 일어났다. 내 논문이 단번에 그 전문지에 실린 것이다. 심사위원으로부터 "본 논문은 우리나라 정신과 의료에 기여하는 귀중한 논문이다"는 심사평을 들었을 때는 눈물이 났다. 최첨단 연구도 아닌, 작은 동네 병원 의사의 논문을 '귀중하다'고 인정해 준 그들에게도 유키 씨와 나의 마음이 통한 것 같았다.

이 논문을 계기로 대학과 의사 단체 관계자들과도 알게 되었다. 동네 의사에 머물렀다면 말도 섞지 못했을 사람들과의 만남이 나를 조금씩 변화시켰다. 나의 첫 책《마음의 병을 앓는 어머니가 남겨준 것》이 세상에 나올 수 있었던 것도 모두 이 논문 덕분이다.

유키 씨를 뒤따르듯 시작했을 뿐인데, 어느새 환자의 경험을 거친 정신과 의사가 할 수 있는 환자·환자 가족과 의사를 연결하는 매개체로서의 역할을 제대로 하고 싶다는 생각까지 하게 되었다.

이후 환자를 대하는 내 태도도 사뭇 달라졌다.

'당신은 아픈 사람, 나는 치료하는 사람'에서 '나도 환자 가족의 한 사람'이라고 말함으로써 환자나 그 가족들과 마음의 거리를 좁혀나갈 수 있었다. 신기하게도 진찰실 책상을 사이에 두고 마주한 나와 환자의 거리도 실제로 가까워진 것 같았다.

나는 내가 소중히 여기는 사람에게 말하는 것처럼 환자와 그 가족을 대했다. 그런 깨달음과 노력을 통해 겨우 '위에서 내려다보는 시선'이 아닌 동등한 입장에서의 진찰이 가능해졌다.

어머니를 잃은 딸들로서

3년 전, 유키 씨의 어머니가 갑자기 돌아가셨다. 유키 씨와 나에게 '어머니'란 일반적인 어머니 이상으로 압도적인 존재감을 갖고 있었다. 물론 나쁜 의미에서 그랬다.

유키 씨는 내 책에 써준 '추천의 말'에서 "'무엇을 해도 소용없어!', '나나 어머니의 죽음이 문제 해결의 유일한 방법'이라고 자포자기하는 심정이었다"고 말한다.

세상 사람들은 그런 어머니가 죽었으니 이제 고생도 끝났다고 생각할 것이다. 실제로 정신질환 자녀를 둔 고령의 어머니가 "당신과 유키 씨는 환자가 먼저 죽어주니까 그나마 나은 거예요. 우리는 아픈 자식을 남겨둔 채 먼저 죽을 수밖에 없어요"라고 말한 적이 있다.

웃으며 인정하는 법을 가르쳐준 만화가

자신의 불행은 다른 누구의 것과도 비교할 수 없다. 암과 치매환자를 둔 가족, 사고나 천재지변으로 사랑하는 사람을 잃은 가족의 기분도 타인은 온전히 이해할 수 없다. 사람은 타인의 경험을 전부 추체험(다른 사람의 체험을 스스로 체험한 것처럼 느끼는 일)할 수 없기 때문에 상대의 고뇌는 그대로 받아들일 수밖에 없다.

나와 유키 씨는 병을 앓던 어머니가 먼저 세상을 떠났지만 그렇다고 해서 그때부터 마음이 편해진 것은 아니었다. 남겨진 우리는 형편없는 어린 시절을 살았다. 그 너덜너덜한 시간은 결코 부모의 죽음으로 상쇄되지 않는다. 건강하지 못한 환경에서 성장한 인간은 앞으로의 긴 인생을 성실하게 살아갈 방법을 깊이 생각하지 않으면 안 된다.

유키 씨와 나에게는 어머니의 죽음이 끝이 아니었다. 이제부터는 오롯이 자신의 인생을 바라보고 살아간다는 의미에서 그것은 완전히 새로운 시작이었다.

어머니의 갑작스런 죽음으로 혼란스러워하는 유키 씨에게 무언가 해주고 싶었지만, 동시에 '마음에 거대한 구멍'이 뚫렸을 거라는 걸 잘 알기에 일단 가만히 내버려 두기로 했다.

마음속의 커다란 구멍을 느끼면서도 예전처럼 매일 아침을 맞고 밤을 보낸다. 그런 시간의 반복 속에서 사람은 자신이 감당할 수 있는 속도로 그 커다란 구멍을 조금씩 메워간다.

유키 씨의 어머니가 돌아가시고 3개월쯤 지났을 무렵, 나는 유키 씨에게 시즈오카 야이즈의 장애인 시설에서 만든 커다란 손가방을 보냈다. 가방 앞면에는 당장에라도 튀어오를 것 같은 커다란 참치 그림이 새겨져 있었다.

'유키 씨! 참 오랫동안 고생했어요. 앞으로 유키 씨의 인생이 누구에게도 속박되지 않고 자유롭고 행복하기를 바랍니다' 하는 바람을 담은 것이었다.

유키 씨의 만화 중에 마음에 드는 장면이 또 하나 있다.

만약에 '병'을 비에 비유한다면 나는 우산을 받쳐주는 데 그치지 않고 같이 젖고 싶습니다.

《조현병 광장》

만화에는 이렇게 쓰여 있다.

타인의 고통은 추체험할 수 없다. 그러나 그 사람이 살아갈 슬픔과 어려움을 함께 '비를 맞듯' 있는 그대로 받아들여 주면 그 사람은 '나는 혼자가 아니다'라고 생각할 것이다.

혼자가 아니라는 생각은 강력한 힘을 발휘한다. 그리고 그가 다시 일어설 수 있도록 손을 잡아준다.

웃으며 인정하는 법을 가르쳐준 만화가

11

진정한 자신감을 가르쳐준
조현병 환자

이제까지와는 완전히 다른 세계로

어머니와 내 인생을 완전히 공개한 후, 전국 각지에서 수많은 강연 초청을 받았다. 특히 홋카이도와 오키나와에서 초청이 많았다. 오키나와는 작년 한 해 동안 6번이나 갔다.

'왜 유독 홋카이도와 오키나와가 많을까' 하고 생각했는데 일단, 두 곳 모두 큰 섬이다. 그리고 47도도부현(都道府県, 일본의 광역자치단체) 가운데 가장 끝에 위치한다.

내가 홋카이도에서 태어나서인지 역시 섬인 오키나와 사람과는 공통되는 무엇이 있는 것 같다.

정신장애자 가족모임, 생명의 전화, 학교 교육 관계자, 기업 경영자 등등 많은 곳에서 나의 변변치 못한 이야기를 들어 주었다.

처음 강연을 시작했을 무렵에는 초청받는 곳 대부분을 찾아갔는데 속으로는 '병, 이혼, 가족 붕괴, 자살미수… 온통 어두운 이야기뿐인 이 강연을 사람들이 왜 들으러 올까' 하고 의아했다.

그들은 내가 인생의 고난을 극복해 왔다는 사실에 큰 관심을 갖고 들으러 온다는 것을 당시에는 전혀 알지 못했다.

나는 지울 수 없는 내 어두운 과거에 늘 열등감을 갖고 있었다. 그러나 이 책에 등장하는 사람들과의 만남을 통해, 비록 두 다리로 일어설 힘이 없어서 바닥을 기듯 앞으로 나아가긴 했지만 어떻게든 어려움을 극복할 수 있었다. 지금은 강연에 찾아와 준 수많은 사람들 덕분에 내 과거에도 자신감을 갖게 되었다.

그리고 가정사를 공개했을 당시에는 세상의 편견이 너무 두려웠는데, 막상 공개하고 나니 공개 전에 내가 상상했던 것만큼 나와 가족에 대한 편견은 없었다고, '그때는' 그렇게 느꼈다.

그러나 NHK라디오의 〈라디오 심야편〉이라는 전국 방송 프로에 출연하면서 정신질환과는 직접 관계없는 청취자의

진정한 자신감을 가르쳐준 조현병 환자

편지도 받게 되었다. 격려와 공감의 내용이 대부분이었지만 개중에는 꽤 냉정한 지적도 있었다.

"이러니저러니 해도 결국 당신은 의사가 되지 않았는가. 그래서 다시 일어설 수 있었던 것뿐이다"는 말도 있었고 "신상 이야기를 늘어놓으며 메시지를 강요하는 것 같다"는 의견도 있었다.

그러나 나는 공개 전에 상상했던 만큼 실망하지는 않았다. 오히려 어떤 의미에서 그런 지적은 당연한 것이었다. 지적을 받을 때는 조금 풀이 죽었지만 "자살미수에 칼로 손목을 긋는 자해행위를 한 의사가 진찰실에 나오다니!" 하는 말을 듣거나 이제부터는 진료실에 환자가 찾아오지 않을 수도 있다는 최악의 사태를 각오한 공개였기에 비판과 의견을 들어도 깨끗이 받아들일 수 있었다.

그러나 공개 후에도 환자들은 여전히 진료소를 찾아주었다. 그중에는 눈물을 흘리며 "선생님도 많이 힘드셨군요. 냉철한 사람이라고 생각했는데…. 이제는 선생님이 가깝게 느껴져요" 하고 말해 주는 사람도 있었다.

오히려 태도가 달라진 것은 의사들이었다. 안면이 있는 한 의사는 공개 후에 나에게 "괜찮아요?" 하고 물었다. 그 의사의 머릿속에는 이미 내가 '의사에서 환자'로 변환된 모양이다.

또, 내가 자살미수까지 공개한 것에 대해 "의사란 환자에게 의지가 되어야 할 존재예요. 나는 의사의 그런 나약한 면을 환자에게 공개하는 건 반대입니다" 하고 충고해 주는 의사도 있었다.

물론 모든 의사의 의견이 그렇다고 생각하지는 않지만 반대의견도 충분히 각오했었기 때문에 담담히 받아들였다.

공개 후, 좋든 싫든 나를 둘러싼 세계는 이전과는 완전히 달라졌다.

환자, 가족, 의사라는 세 가지 입장에서 고민하다

시간이 흐르자, 그런 편견이나 비판과는 별개로 고민되는 부분이 생겨났다. 나는 처음부터 환자, 가족, 정신과 의사라는 세 가지 입장을 갖고 있었는데, 공개 후에는 그 사실이 더 강하게 의식되었다.

강연에서도 나의 체험에서 느낀 '가족의 기분'과 '환자의 기분'을 말하는 것으로 환자나 그 가족과 '고통의 공유'가 가능해졌다.

소아마비를 앓아 휠체어 생활을 하는 소아과 의사인 구마가야 신이치로(도쿄대학 첨단과학기술연구센터 준교수) 선생님은 "절망을 함께 나누는 끝에는 희망이 있다"(〈TOKYO인권〉제56호)고 말했는데, 내가 정말 그랬다. 공개 후 환자는 물론 그 가족과 '절망'을 함께 나누게 되면서 희망이 생겼고 건강을 회복했다.

그러나 '환자'와 '가족' 입장에서 감정이 커질수록 점점 '정신과 의사의 입장'에서 내리는 판단에는 주저하게 되었다. 의사 입장을 중심으로 생각하면 환자와 가족의 입장을 존중하기 어렵다. 갈수록 어느 쪽에 무게중심을 두어야 할지 갈등이되었다.

예를 들어, 정신과에서는 환자가 싫어해도 강제입원이나 약 복용을 권할 때가 있다. 자살처럼 목숨이 위험한 경우에는 의사로서 한시라도 빨리 대응을 결단해야 하기 때문에 환자나 가족의 입장을 우선할 수 없다.

나 역시 병을 앓았던 환자였던 만큼 '환자 입장을 가진 의사'로서 고민하기 시작했다. 특히 힘들었던 것은 소중한 사람을 자살로 잃은 가족과의 만남이었다.

외아들을 잃은 한 어머니는 가족모임 활동에 계속 참가했다. 그녀가 나를 의사가 아닌 같은 고통을 가진 한 인간으로 바라봐주었기 때문에 그녀는 가슴 아픈 속사정을 털어놓으며 "내 아들은 죽었지만 그래도 하늘에서 지켜보고 있을 테니 이 가족모임 활동을 계속할 거예요" 하고 당당히 말했다. 70세가 넘은 나이에도 국가를 상대로 진정을 하고 모금활동으로 분주한 그녀의 모습에는 한없는 인간의 강인함과 고귀함이 담겨 있었다.

동시에, 나는 환자를 자살로 내몬 원인이 된 병을 치료하지 못한 의학과 의사의 나약함을 마주하는 것 같아 무척 괴로웠다. 환자이자 가족의 입장이면서도 의사라는 일종의 특권계층에 속한 나 자신이 뻔뻔하다는 생각까지 들었다.

　그때부터는 강연을 할 때도 의사의 입장은 점점 작아져서 '환자 40퍼센트·가족 40퍼센트·의사 20퍼센트'의 심정으로 말하게 되었다.

　어느 날, 한 환자 가족이 그런 나의 심정을 느꼈는지 "선생님, 의사 20퍼센트의 입장으로 말씀하시면 곤란해요. 우리는 당신을 의사로서 정말 신뢰하거든요" 하고 말했다. 나의 나약함이 고스란히 드러난 것 같아 무척 부끄러웠다.

　의사로서 자신감을 갖지 못하고 모호함에 초조해진 나를 구원해 준 것 역시 사람과의 만남이었다. 강연에서 만난 반짝반짝 빛나는 사람들 가운데서도 특히 나에게 의사로서 자신감을 갖게 해준 것은 한 조현병 환자였다.

강연회에서 만난 거북 씨

　'거북이'라는 별명을 가진 한 조현병 환자가 있다. 사람들은 그를 '거북 씨'라고 불렀다. 이 사람은 강연회장 맨 앞줄에 앉아 있었다.

진정한 자신감을 가르쳐준 조현병 환자

내가 "어머니를 공개한 후 잃은 것은 하나도 없습니다!" 하고 말했을 때 그 사람이 제일 크게 손뼉을 쳐주었다. 강연이 끝나고 나는 그를 찾아가 "좀 전에 보내주신 박수, 감사했습니다. 정말 기뻤어요" 하고 인사하자 그는 "마지막 남은 한 권이에요" 하고 수줍게 말하며 《하늘을 나는 거북》이라는 자신의 시집을 건네주었다.

나는 집으로 돌아가는 전차 안에서 그 시집을 읽었다. 조용하고 차분한 시들이 마음에 들었다. 그때부터 그와는 편지를 주고받는 친구 사이가 되었다.

그는 지금으로부터 5년 전에 나가노현 마쓰모토시에서 만났다. 그로부터 2년 후 2월, 나는 아즈미노시에서 강연을 하게 되었다. 겨울이 혹독한 홋카이도에서 태어났지만 나는 추위가 너무 싫었다.

'강연을 기대하고 있다'는 편지를 보내준 아즈미노시 가족 모임 분들의 얼굴을 떠올리면서 '2월의 호타카는 정말 추울 텐데' 하고 약간 주저하며 전차에 올라탔다.

그날은 토요일이라 마쓰모토에서 출발하는 신나노행 전차는 사람들로 북적였다. 겨우 전차에 올라타 손잡이를 잡는 순간, 안쪽 어딘가에서 "나쓰카리 씨! 저예요!" 하고 부르는 소리가 났다. 기웃거리며 소리 나는 쪽을 보니, 거북 씨가 사람들을 헤치며 나에게 다가오고 있었다.

"어머나, 웬일이에요!"

내 강연을 듣기 위해 호타카까지 와준 그의 마음이 너무 고마웠다. 우리는 사람들로 붐비는 전차 안에 나란히 서서 한동안 이야기를 나눴는데 도중에 자리가 하나 나자 그는 "나쓰카리 씨, 여기! 여기!" 하고 큰 소리로 자리를 권했다.

그는 내가 앉는 것을 웃으며 바라보더니 이번에는 창을 가리키며 "저 산은 ○○산! 저건…" 하고 더 큰 소리로 관광안내를 시작했다.

사람들로 붐비는 전차 안이라 주위의 호기심 어린 시선이 느껴졌지만 그는 개의치 않았다. 거북 씨는 평소에 목소리가 유난히 작다. 우연히 나와 같은 전차를 타게 되었다는 반가움이 그의 쟁쟁한 목소리에서 묻어나 나에게 그대로 전해졌다. 진심으로 기쁜 마음이 그대로 묻어나는 목소리로 경치를 설명해 주는 그를 보고, 나는 속으로 '정말 고마워요' 하고 인사했다.

그날은 2월의 호타카치고는 믿을 수 없을 만큼 포근했다. 그는 "나쓰카리 씨가 호타카에 봄을 데리고 왔어요" 하며 크게 웃었다.

그때의 광경은 수십 년 전, 어린 시절로 나를 데리고 갔다. 엄마와 전차를 탔을 때…. 그때도 사람들로 붐비는 전차 안에서 엄마는 큰 소리로 혼잣말을 했다.

진정한 자신감을 가르쳐준 조현병 환자

주위의 호기심 어린 시선을 느낀 나는 너무 창피해서 엄마를 두고 멀리 도망치고만 싶었다. 그러나 그보다 먼저 사람들은 우리 모녀로부터 하나 둘씩 멀어졌고, 문득 돌아보니 우리 주변에는 아무도 없었다.

쓸쓸한 추억이 떠올랐지만 거북 씨와 전차를 탄 그 순간은 무척 행복하게 느껴졌다. 주위의 시선 따위에는 전혀 신경 쓰지 않고 창밖의 광경을 열심히 안내해 주는 그의 말에 나는 가만히 귀를 기울였다.

행복의 크기는 사회적 지위로 잴 수 없다

내 책에 그의 인생에 대한 글을 싣는 것에 대한 동의를 구했을 때, 그는 흔쾌히 허락해 주었다. 거북 씨는 50대 남성으로 국립대학에 입학하고 나서 조현병이 발병했다. 이후 계속되는 불행의 선물세트처럼 해고와 이혼, 노숙생활이 찾아왔다. 지금 그는 생활보호를 받아 혼자 생활하고 있다.

그런 그에게도 1년에 한 번 '가족의 날'이 있다. 고령자 시설에 입소해 있는 아버지의 생일날이다. 그날 하루만큼은 따로 지내는 그와 여동생, 아버지가 함께 점심을 먹는다. 식사가 끝나면 "그럼 내년에…" 하고 쿨하게 헤어진다. 그들은 다음 해에 돌아오는 '가족의 날' 전까지는 서로 전혀 연락하지 않는다.

그런데 2년 전에 거북 씨의 아버지가 돌아가셨다. 그렇게 해서 그의 '가족의 날'도 끝이 났다. 그가 불행한 사람처럼 보일지도 모르지만 그는 나에게 이렇게 말한다. "나는 지금 행복해요!"라고.

그는 지금도 정신과에 통원하며 약을 복용하는데 당당하게 말한다. "나는 뇌의 병이잖아요. 마음은 아프지 않아요."

확실히, 조현병은 주기적으로 머리와 신체 기능이 분리되어 전혀 움직이지 못하고 샤워도 할 수 없을 만큼 행동이 기능 정지에 빠지지만 그는 그것을 자신의 전부라고 생각하지 않고 '뇌 기능의 일부'가 고장 난 상태라고 인식한다.

병을 앓은 지 오래되다 보니, 상태가 나빠진다는 자각이 들면 스스로 정신과에 입원하기도 한다. 그러나 최근에는 병원의 나쁜 환경을 견디지 못해 값싼 온천 여관에 묵으면서 식사와 위생관리, 수면을 확보해 스스로 악화를 막는 방법을 쓰고 있다. 일종의 그만의 '온천 입원'인 셈이다. 거북 씨는 그렇게 현명한 환자다.

그는 자신이 정신과 환자라는 사실을 전혀 부정하지 않는다. 그리고 자신의 건강한 면을 과잉평가도, 과소평가도 하지 않는다. 치료가 최우선일 때는 환자로서 병과 마주하고, 자신의 건강한 부분을 느끼고 싶을 때는 시를 쓰거나 지적장애자

진정한 자신감을 가르쳐준 조현병 환자

의 예술 활동을 긍지를 갖고 지원한다.

가끔 내게도 시를 써서 보내는데 "지난번 쓴 시의 일부가 만족스럽지 않으니 이것으로 바꿔주세요" 하고 고쳐 쓴 시를 따로 보내올 때도 있다. 어디에서 공식적으로 팔리는 것은 아니지만 그는 단어 하나에도 집중해서 한 줄 한 줄 정성껏 시를 쓴다.

언젠가 그가 보낸 편지에는 "지금 내가 바라는 것은 '병으로 얻은 부정적인 힘을 잃지 않는 것'입니다. 부정을 긍정으로 바꾸기 위해 안간힘을 쓸 필요는 없다고 생각해요. 부정적인 요소도 안고 있는 것은 자신이 지금 행복해도 타인의 불행에 공감할 수 있는 토대가 되기도 하니까요"라는 내용이 있었다.

그는 편지에 꼭 '나쓰카리 선생님에게' 대신 '나쓰카리 씨에게'라고 쓴다. '선생님'이 아니라 '씨'로 불러주어서 나도 기쁘다.

의사는 당연한 듯 '선생님'으로 불린다. 거북 씨와는 의사와 환자 관계로 만난 것이 아니었기 때문에 나를 '선생님'이라고 부르지 않는 것이 당연하지만 나에게는 그런 것들이 퍽 신선하게 다가왔다. 누구에게나 의연하게 자신이 믿는 바대로 솔직하게 대하는 그가 나는 좋다.

그의 편지를 읽으면서 나는 단숨에 넓은 강을 훌쩍 뛰어넘은 듯한 기분이 들었다. 그에게 '환자', '가족', '정신과 의사'의 경계선 따위는 아무 문제도 아닐 것이다. 순전히 같은 생각과 신념을 가진 친구로서 나를 인정해 준 것이다.

만일 진찰실에서 우리가 의사와 환자의 관계로 만났다면 이렇게 활기 넘치는 교류는 쌓지 못했을 게 분명하다. 진찰실에서는 그가 나에게 시집을 내미는 일도 없었을 테고, 나 역시 그의 시에 담긴 의미를 깨닫지 못했을 것이다.

나 역시 속으로는 환자·가족 사이에 경계선을 긋고 있었던 것은 아닐까. '비장애와 장애' 그리고 '환자와 의사'… 무너지지 않는 튼튼한 벽처럼 경계선을 긋는 것은 오히려 의사일지도 모른다.

마음에 경계선이 없다면 환자·가족·의사의 입장을 자유롭게 오가도 된다. 그렇게 생각하자 차츰 고민도 줄었다. 그리고 의사가 될 수 있었음에 단단한 자신감을 갖게 되었다.

거북 씨를 알게 되면서부터 나는 사람의 행복과 안정된 마음이 사회적 지위와는 아무 상관도 없다는 것을 깨달았다.

그 사람의 생각이 스스로를 행복하게도, 혹은 불행하게도 만드는 것이다. 그제야 환자의 입장, 가족이 입장, 의사의 입장 전부를 있는 그대로 받아들일 수 있었다. 세 가지 모두, 진짜 나니까.

나는 그와의 인연에 감사하면서 의사가 될 수 있었던 나에 대해 자신감을 갖고 그 입장을 살릴 수 있는 활동을 열심히 하기로 했다. '환자와 그 가족을 위해, 정신과 의료의 발전을 위해 어렵게 얻은 의사라는 자격을 이제부터는 정말로 소중히 사용하자'고 생각했다.

의사가 된 지 30년이 지나고 나서야 얻게 된 소중한 깨달음이었다. 많이 늦었지만 그만큼 앞으로의 인생을 한 인간으로서, 그리고 의사로서 알차게 살아갈 것이다.

어느 날, 그로부터 엽서를 받았다.

"얼마 전에 54번째 생일을 맞았습니다. 생일 축하 기념으로 동해까지 터벅터벅 걸었습니다"라고 적혀 있었다. 동해 근처의 우체국 소인이 찍혀 있는 엽서였다.

나도 엽서에 작은 생일 케이크 스티커를 붙여 "생일 축하합니다! 초 54개는 너무 많아서 다 못 붙였어요. 그래도 맛있게 드세요" 하고 답장을 보냈다.

혼자 사는 거북 씨가 동해까지 걸었다는 것은 살아 있다는 나름의 증거다. 일은 하지 못해도 '일단 거기까지만 걸어보자'고 마음먹고 하루하루를 조용히 살아가는 사람이 세상에는 많다.

TV에서는 요란하게 자살예방 캠페인을 한다. '터벅터벅 걷기'가 자살예방 방법으로 인정받을 수 있다면, 천천히 걸어 나가는 삶도 인정받을 수 있다면, 분명히 확실한 자살 예방이 될 것이다.

거북 씨는 자신의 시에서 "몸을 움직여 아주 작은 것부터 시작하자. 그래야 병의 의미를 찾을 수 있다"고 노래한다. 그 말이 내게는 참 애절하게 느껴졌다. 그 '작은 것'을 시작하기가 사실은 너무 어렵잖아요, 거북 씨.

매해 12월이 되면 거북 씨는 그의 친구가 그린 '토끼와 거북' 달력을 보내준다. 이 달력의 따뜻한 그림과 담겨 있는 말들은 유키 씨의 만화와 함께 내 인생을 아름답게 색칠해 준다.

여기서 잠시 거북 씨의 별명에 대해 알아보자.

20년도 더 된 일인데, 거북 씨는 태국의 한센병 요양소에 '사오리오리(さをり織り, 오사카에서 시작된, 베틀을 사용해 손으로 피륙을 짜는 방법이다— 옮긴이)'라는 수직(手織)법을 가르치러 갔다. 사오리오리는 자유로운 발상으로 자신의 감성을 이끌어내는 새로운 수직법이다.

태국에서는 친한 사람끼리 서로 별명으로 부르는 풍습이 있다. 한번은 태국 친구가 거북 씨에게 "닉네임으로 뭐가 좋겠어?"라고 물어서 마침 태국어로 '거북(일본어로 '가메', 태국어로 '따오')'이 생각나서 말했는데 반응이 좋아서 그걸로 정했다고 한다.

이후 일본에 돌아와 강사로 활동했던 '사오리오리' 교실에서 "앞으로는 '거북 씨'로 불러달라"고 했더니 지적장애를 갖고 있던 한 학생이 "선생님은 행동이 느려서 진짜 거북이 같아요"라고 말해서 그때부터 완전히 '거북 씨'로 굳어졌다고 한다.

마지막으로 그의 시를 소개한다.

〈하늘을 나는 거북〉

하늘을 나는 거북이 되고 싶다

파란 하늘의
낮은 데를 둥실둥실 날아
어린아이가 보고
앗, 거북이가 날고 있다 말하며
따라온다
그러자 거북이도 신이 나서

진정한 자신감을 가르쳐준 조현병 환자

노래 부른다

거북거북 거북거북 하늘을 나는 거북이라네
거북거북 거북거북 하늘을 나는 거북이라네
산을 넘고 바다를 넘고 별을 넘어
당신에게로

노래가 거북에게 날개를 주어 바람을 타고 날아간다
노래 꽃다발 손에 들고 바람을 타고 날아간다

거북거북 거북거북 하늘을 나는 거북이라네
거북거북 거북거북 하늘을 나는 거북이라네
산을 넘고 바다를 넘고 별을 넘어
당신에게로

12

같은 가치관을 가진
나의 남편

무뚝뚝한 첫인상과 달리 내면이 아름다운 사람

　내 강연을 듣거나 내 책을 읽은 사람들은 나에게 "나쓰카리 씨의 남편은 어떤 분이세요? 한번 보고 싶어요! 사진 좀 보여줘요!"라고 졸라대곤 한다.

　내 마음에 평화가 찾아온 것은 많은 부분이 남편 덕이라는 것을 그들도 알기 때문이다. 어릴 때 가정다운 가정에서 자라지 못한 나에게 남편과 아이들은 보물 그 이상의 존재였다.

　이번 장에서는 일과 가정 모두에서 내 심신에 안정을 주는 남편에게 감사하는 마음을 전하고 싶다. 그는 낯가림이 심하고 부끄럼도 많이 탄다. 고등학교 졸업 전까지 같은 반 여학생들과는 말 한마디 하지 않았을 정도다.

눈에 띄는 것을 싫어하는 소극적인 사람인 그는 '나에 대한 부분은 책에 담지 말아 달라'고 부탁했다. 그래서 그에 대한 것은 조금 빈약한 내용이 될 것이다. 하지만 나를 가장 행복하게 해준 사람, 남편의 이야기를 빼놓을 수는 없다.

연애 상담을 받을 때면 나는 상대에게 꼭 이렇게 말한다.

"외면이 나쁘고, 내면이 좋은 사람을 고르세요."

남편이 딱 그런 사람이었다. 처음 만났을 때는 무뚝뚝하고 까다로워 보여서 한마디로 첫인상이 좋지 않았다. 세상 돌아가는 이야기나 농담 같은 것은 전혀 통하지 않을 것 같은 인상이었다.

그런 남편과 부부가 될 수 있었던 것은 앞서 소개한 스미짱 덕분이다. 그리고 또 한 사람, 중요한 큐피드가 있다. 바로, 우는 아이의 울음도 뚝 그치게 하는 '교수님'의 존재였다. 그 교수님이 내가 일했던 병원에 남편을 아르바이트로 파견하지 않았다면 우리가 가족이 되는 인연도 없었을 것이다. 그 교수님과는 같은 정신과 의사라서 대학에서 본 적은 있지만 아주 무뚝뚝한 사람이었기 때문에 서로 대화를 나눈 적은 없었다.

남편을 만났을 무렵의 어느 날, 나는 근무지인 공립병원에서 정신과 약을 한꺼번에 몰아먹고 의식불명 상태로 발견되었다. 몇 개월의 장기요양 후, 나를 지도했던 교수님은 '이 사람을 공립병원에 두는 것은 안 되겠군. 한가한 병원으로나 찾아 보내야겠어'라고 생각했을 것이다.

결국 나는 세워진 지 100년 정도는 거뜬히 됐을 법한 고풍스러운 건물의 민간 정신병원으로 이동하게 되었다. 그곳에서의 내 지위는 상근 의사였는데, 당직(시간 외 근무) 면제를 받아서 병원을 드나들 수 있는 개방병동의 일반 환자와 별다를 것 없는 생활을 하고 있었다.

오전 9시에 병원에 출근해서 만성 환자 몇 명과 대화를 하며 오전 일은 마무리했고, 점심을 먹고 나서는 잠시 낮잠을 잤다. 오후에도 환자 몇 명과 대화 후 정확히 5시에 퇴근했다.

긴급을 요하는 급성기 환자나 야간의 응급 상황은 대학에서 아르바이트로 파견된 의사들이 대응했다.

시간이 멈춘 듯 한적하기 이를 데 없는 병원에서 내가 하는 일이란 마당에서 기르던 당닭에게 먹이를 주고, 외국 풍의 긴 의자에서 낮잠을 자는 것이었다.

그런 나날을 보내던 어느 날, 아르바이트 의사가 교대를 하게 되었다. 대학에서 온 새로운 의사, 그가 바로 지금의 남편이었다. '벌레 씹은 듯 못마땅한 얼굴이란 바로 이런 거구나'

같은 가치관을 가진 나의 남편

싶을 만큼 뭔가 굉장히 불쾌한 것처럼 보였다. 그렇게 그의 첫인상은 최악이었다.

병원에는 의사가 머무는 '의국'이 있다. 그곳에는 상근 의사인 내 책상이 있고 바로 옆에 아르바이트 의사의 책상이 있다. 즉, 상근 의사와 아르바이트 의사가 나란히 앉는다. 나는 중요한 일은 하지 않았지만 진단서 작성만큼은 내 업무라서 의국에서 일을 보았다. 진단서를 작성할 때면 그도 병동 진찰을 마치고 의국으로 돌아와 책상에서 열심히 뭔가를 했다.

'뭘 하는 거지?' 하고 궁금해서 슬쩍 보니 비스듬히 기울어진 독특한 글자체로 열심히 쓰고 있었다. 다른 아르바이트 의사가 들여다보며 "뭘 쓰는 거야? 꼭 깃털 펜으로 쓴 것 같아" 하고 말을 걸자 "칼모듈린(Calmodulin) 데이터예요" 하고 작은 소리로 대답했다.

칼모듈린? 처음 듣는 말이었다. 찾아보니, 칼모듈린은 신체에 널리 분포하는 물질로 염증과 대사, 근육 수축, 신경 성장, 면역 반응 등에서 세포에 다양한 영향을 주는 단백질 중 하나였다.

그는 대학에서 칼모듈린 연구를 하고 있었다. 늘 칼모듈린과 씨름하고 있는 그를 보고 어느새 의국에서는 "나쓰카리 선생(남편을 말함. 일본에서는 여성이 결혼하면 남편 성〈姓〉을 따른다—옮긴이)의 애인은 칼모듈린이야!" 하고 농담처럼 말하게 되었다.

한 아르바이트 의사는 그에게 "칼모듈린이 미인이에요?" 하고 물어본 적도 있었다.

"글쎄요, 사랑스러울 때도 있고 사랑스럽지 않을 때도 있죠"라는 그의 진지한 대답을 듣고 옆에서는 모두가 웃음이 터졌다.

이모퍼스 모임

장기요양 후 일에 복귀했지만 한직으로 밀려난 나이 많은 월급쟁이처럼, 나는 그 당시 병원에서 하는 일이 거의 없었다. 몸은 편했지만 아무런 보람을 찾지 못했다.

그런 데다 수십 년을 입원했고 앞으로의 변화도 기대할 수 없는 만성 환자들과 함께 지내다 보니 보람은커녕 사는 것에 대한 회의만 커져갔다.

스미짱은 당시의 나를 보고 "이쿠코는 죽은 물고기 눈을 하고 있어요" 하고 걱정해 주었다. 이후 "뭔가 해보면 어때요? 그림을 좋아하니까 그림을 그려봐요" 하고 열심히 권했다. 스미짱의 권유는 '몸을 움직여 작은 것부터 시작하자'는 거북 씨의 말 그대로였다.

그때는 정말 '죽은 물고기 눈'처럼 초점이 흐린 낯빛을 하고 만사에 의욕이 없었는데, 스미짱의 말만큼은 귀에 들어왔

다. 그렇게 해서 그림 교실에 다니기 시작했다. 그곳은 수채
화가 전문이었다. 강렬한 개성의 유화가 아닌 투명한 수채화
의 색감은 눈과 마음에 안정을 주었다. 오랜만에 붓을 잡으니
정말 기분이 좋았다.

　눈앞의 꽃과 과일을 어떻게 종이 위에 그려 넣을까…. 그것
은 '앞으로 어떻게 살아갈까'를 생각하는 것보다 훨씬 쉬웠
다. 인생은 당장 성과가 나타나지 않지만 그림은 열심히 그리
면 나름대로 성과를 얻을 수 있기 때문이다.

　그림 교실에는 초로의 아저씨들이 대부분이었고 젊은 여
성은 나 혼자뿐이라 모두에게 귀여움을 받았다. 1박 2일로 스
케치 여행을 갔을 때는 숙소에서 유카타(주로 목욕 후나 여름철에 평
상복으로 입는 일본 전통의상—옮긴이) 차림으로 갑자기 모델이 되기
도 했다. 모델이 된다는 게 어떤 기분인지 알 것 같았다. 회원
들이 그려준 스케치북 속의 내 모습은 그런대로 보기 좋았지
만 하나같이 외로운 눈을 하고 있었다.

　그림 교실에서 내가 완성한 그림은 혼자서 만족하지 않고
병원에 장식하게 되었다. 환자 중에 그림을 좋아하는 사람이
있어서 보여주었더니 "이 그림, 병원에 걸어봐요!" 하고 말해
주었기 때문이다.

　내가 그린 그림을 보고 누군가 기뻐해준다…. 그것은 작은
성공체험이었다. 그 후 매주 그림 교실에서 완성한 그림을 병

3장 사람의 마음을 살리는 의사로 살게 해준 사람들

원에 가져와 복도에 걸었다.

그 그림을 본 남편이 어느 날 "우리 연구실 교수님이 수채화를 참 좋아해요. 선생님 그림을 한번 보고 싶다고 하시는데, 연구실에 같이 가주실래요?" 하고 말을 걸어왔던 것이다.

정신과 의사에는 임상의와 연구의가 있다. 임상의는 환자를 진찰하고, 연구의는 주로 병의 원인을 찾는 연구를 한다. 그는 대학의 생화학 교실에서 정신질환의 원인을 찾기 위한 칼모듈린 연구를 했다.

그 생화학 교실의 교수님이 수채화를 좋아했다. 그 사람 주변에는 수채화를 그리는 사람이 거의 없어서 내가 신기했던 모양이다. 이런 이유로 그를 따라 생화학 교실에 드나들게 되었다.

교수님은 내 그림을 보고 수채화 도구로 잔뜩 어지럽혀진 교수실을 가리키면서 "이곳에서는 뭐든 자유롭게 그려도 됩니다" 하고 말했다. 연구실에는 교수님 외에도 그림을 좋아하는 사람이 많았다. '어모퍼스(amorphous. 원자의 배열에 규칙성이 없고 무질서한 비결정 금속) 모임'이라는 그림 동호회까지 만들어 전시회를 열기도 했다. 어모퍼스라니, 학자들이라서 그런지 모임의 이름도 퍽 과학적이라고 감동했다.

그림 교실과 생화학 교실에서의 그림 작업은 중·고등학교 때 참가하지 못했던 방과 후 활동을 대신하는 것 같아 신선한

같은 가치관을 가진 나의 남편

즐거움을 주었다. 그동안 사람과의 교류를 극도로 두려워했지만 그림을 통해서라면 자유롭게 교류할 수 있을 것 같았다. 스미짱의 생각은 적중한 것이다.

남편은 내가 생화학 교실에 오갈 때마다 자기 차로 데려다주었다. 그런 배려 덕분에 최악이었던 그의 첫인상은 어느덧 호감으로 바뀌었다.

어쩌면 우리를 이어준 일등공신은 환자들이었을지도 모르겠다. 그와 나는 모두 성실한 의사의 정신으로, 대학을 오가는 차 안에서 늘 자신의 환자들에 대해 이야기했다. 알고 보니 우리는 '진료 시간 외에 환자들과 충분히, 여유롭게 대화하고 싶다'는 같은 생각을 갖고 있었다.

우리는 병원의 빈 방을 빌려 각자 담당한 10대 조현병 환자들과 차 모임을 개최했다. 환자들과 함께 과자를 까먹으며 자연스럽게 '병을 상대하는 방법', '약에 대해서', '취업에 대해서', '연애·결혼에 대해서' 등을 이야기하는 집단정신치료를 시작했다.

원장의 지시가 아닌 우리 둘이 의기투합하여 시작한 활동이었다. 그로부터 12년 후 나는 남편과 함께 진료소를 개설했는데, 그 시작은 그때의 차 모임에서 비롯된 것이었다.

이 차 모임에는 몹시 가난한 환경에서 성장한 소년이 있었다. 태어나서 한 번도 초밥을 먹어본 적이 없다는 그의 말을

듣고 우리는 그를 의국으로 불러 함께 초밥을 먹었다. 한편으로는 진료의 범위를 뛰어넘는, 공사(公私)를 혼동하는 행위라고 할 수도 있었지만 어쨌든 우리는 그 소년에게 꼭 초밥을 먹이고 싶었다.

차 모임 경비도 우리가 자비로 해결했다. 그것을 대수롭지 않게 여기는 그를 보며 나와 같은 가치관을 가진 사람이라고 생각하게 됐다. 그런 따뜻하고 조용한 시간을 보내면서 나와 그 사람 사이의 거리는 조금씩 가까워졌다.

차 모임이 끝나면 언제나 기록을 하는데, 내가 컨디션이 좋지 않아서 모임에 빠진 어느 날 그는 이런 기록을 남겼다.

'이쿠코 선생 결석. 가장 걱정스러운 환자인데….'

나는 그 글을 보며 왠지 모를 기쁨을 느꼈다.

'칼모듈린은 우리 연애의 적'이라고 생각하게 된 것이 그때부터였을 것이다. 그가 내 그림 교실 전시회에 오고, 생화학 교실에서 시험관을 흔드는 그의 모습을 스케치하고, 집에 돌아가는 길에 함께 식사를 하고… 생화학 교실에 오갈 때 차를 태워주던 그는 어느새 사랑하는 사람이 되어 있었다.

결혼식 때 차 모임의 아이들에게서 "선생님, 드디어 해냈군요!" 하는 축하 카드를 받고 우리는 둘 다 울 뻔했다. 아이들은 우리의 교류를 지켜봐준 사랑스러운 큐피드였다.

그는 메밀국수를 무척 좋아한다. 지금도 온종일 메밀국수만 먹어도 될 정도다. 그래서 우리의 데이트 장소는 늘 메밀국숫집이었다.

가끔은 세련된 카페나 프랑스 음식점도 가보고 싶었는데 매번 분위기라고는 전혀 없는 메밀국숫집만 데려가는 그를 보면서 '유흥을 좋아하는 사람은 아니구나' 하고 느꼈다. 나는 그의 그런 점이 좋다. 그래서 흔쾌히 메밀국숫집만으로 만족하기로 했다. 아버지처럼 유흥을 즐기는 남자는 정말 싫었으니까.

그렇게 순조롭게 교제를 시작했어도 나는 늘 한편으론 '나에게 행복이 쉽게 올 리 없잖아'라고 생각했다. 그래서 항상 불안했다. '불행한 가정에서 성장했다'는 결점 때문에 '나는 늘 당연히 불행한 사람'이라는 생각에서 좀처럼 벗어나지 못했다. '언젠가는 그가 불쑥 헤어지자고 선언하는 날이 올지도 모른다'고, 마음속으로 언제나 그렇게 준비하며 그를 만났다.

그래서 뱃속에 새 생명이 자라고 있다는 것을 알았을 때나는 정말 두렵고 무서웠다. 나도 결혼할 수 있을까, 결혼해도 평범한 가정을 모르는 내가 엄마가 될 수 있을까, 부모님처럼 가정이 깨지면 어떻게 할까…. 그런 나쁜 생각만 끊임없이 떠올라 결혼을 포기하려고까지 했다.

무엇보다 엄마의 일이 걱정되었다. 그에게는 그때까지도 엄마에 대해 아무것도 말하지 않았던 것이다. 하지만 결혼해서 가족이 되면 털어놓지 않을 수 없는 사실이었다.

"저기⋯, 우리 엄마, 사실은 조현병을 앓고 계셔."

쭈뼛거리며 간신히 입을 떼기는 했지만 더 이상 말을 잇지 못했다. 엄마의 병명을 입 밖에 내뱉은 것만으로도 심장이 미친 듯이 두근거리고 절벽에서 뛰어내릴 것만 같은 기분이었다.

그도 정신과 의사다. 조현병이 어떤 병인지 누구보다 잘 알고 있다. 그가 아르바이트를 하는 병원의 입원 환자 대부분이 몇십 년째 입원 상태로 지내는 심각한 조현병 환자였다.

'엇!' 하고 허를 찔린 듯 멍한 표정을 지은 그는 결국 아무 말도 하지 않았고, 그날은 결국 찜찜한 기분으로 헤어졌다.

다음 날, 그는 내게 불쑥 "역시 무서워⋯" 하고 말했다. 나는 "뭐가 무서워?" 하고 되묻고 싶었지만 묻는 것 자체가 두려워서 아무 말도 하지 못했다. 그 후 20년이 넘는 시간 동안 그때 그가 말한 '무섭다'의 의미를 나는 오해하고 있었다.

그때 그는 조현병에 걸린 엄마가 무섭다고 말했던 게 아니었다. 엄마를 공개한 후 20년이 지나서야 겨우 당시 그의 심경을 물을 수 있었다. 남편은 그런 상황과 마주할 때 발견하게

186

되는 '자신의 약한 마음이 무섭다'고 말하려 했다고 한다.

그런 어색한 대화를 이어가며 그와 엄마를 만나러 갔다. 정신과 약의 부작용으로 손과 입술이 떨리고 대화 중에 갑자기 현실에서 분리된 듯 무표정한 얼굴이 되는 엄마가 그때만큼 창피하게 느껴진 적이 없었다. 엄마에게 그를 소개했다.

"엄마, 나 이 사람과 결혼할 거예요!"

엄마는 그동안 나를 볼 때마다 "엄마는 네 나이 때 너를 낳았어. 도대체 언제 결혼할 거니?" 하고 결혼 안 한 딸을 걱정했던 터라 좋아할 거라고 생각했는데… 막상 그런 상황이 되니 내 생각은 터무니없는 오해였다.

엄마는 우리 앞에서 갑자기 흥분했다.

"이제 너는 부모를 버릴 셈이냐? 자식은 옆에서 부모를 돌봐야 해!"라고 흥분하며 큰 소리를 질러댔다. 어렸을 때는 엄마의 행동이 병 때문이었다고 포기했지만, 엄마는 어째서 34세에 이르러서야 겨우 결혼하기로 마음먹은 딸의 행복을 기뻐해주지 않을까.

시간이 지나 냉정히 생각해 보니 그런 엄마의 반응도 역시 병 때문이었다. 그러나 그때는 남편 앞에서 엄마가 내게 그런 말을 하는 것에 너무 화가 났다.

그런 분위기 속에서 사태를 수습해 준 것은 남편이었다. 남편은 갑자기 안색을 바꾸는 엄마에게 최대한 차분한 목소리로 천천히 말했다.

"어머니가 뭐라 하셔도 저희는 결혼할 겁니다. 우리가 결혼을 해도 어머니를 버리진 않아요. 새 가족이 되는 저도 이제부터 어머니를 잘 보살펴 드리겠습니다."

그의 말에 엄마는 조금씩 안정을 되찾았다. 그때 필요했던 것은 엄마와 싸우는 것이 아니라 우리의 결심을 정확히 말하고 엄마를 안심시키는 것이었다. 병원에서는 환자 가족에게 '감정적이 되지 말고 적절한 대응을 하라'고 말해 왔는데 막상 내가 당사자가 되니 절대로 말처럼 쉬운 일이 아니었다. 제삼자인 남편의 개입은 꼭 필요한 것이었다.

외부의 도움 없이 가족끼리만 해결하려고 하면 의외로 더 엉망진창이 되어버리는 경우가 많다.

시즈오카로 돌아오자 그는 불쑥 "어머니가 아프시다는 건 알겠어" 하고 말했다. 그의 말에 나는 '아, 이제 우리 관계도 여기서 끝이구나' 하고 각오했는데 이후에 이어진 그의 대응은 완전히 의외였다. 그는 엄마를 한 번 만나고 나서 다시는 엄마에 대해 묻지 않았다. 언제 발병했는지, 몇 번 입원했는지, 지금 복용하는 약은 뭔지… 등등 정신과 의사로서 물어야 할 것들이 많았을 텐데 그는 아무것도 묻지 않았다.

나는 그런 그가 고마웠다. 만일 그때 그가 엄마에 대해 꼬치꼬치 물었다면 무슨 말을 했을지 모르겠다. 아직 해결하지 못한 부모에 대한 원망을 거친 말로 쏟아냈을지도 모른다.

'엄마가 빨리 죽었으면 좋겠다.'

아마 결국은 그런 말까지 하게 되지 않았을까.

말은 한번 내뱉으면 '하지 않은 것'이 될 수는 없다. 그런 말을 한 나 자신을, 나는 용서할 수 있었을까. 아마 나는 평생 괴로워했을 것이다. 내가 그런 괴로움을 겪지 않게 해준 남편이 진심으로 고마웠다.

그는 나와 결혼하기 전에도, 결혼하고 20년이 훌쩍 지나서도 끝내 엄마에 대해 묻지 않았다. 나와 엄마가 언쟁을 벌일 때면 항상 그가 엄마 편을 들어주었기 때문에 엄마가 돌아가시기 전까지 우리 모녀는 심한 싸움을 하지 않아도 됐다. 그것도 감사하다. 감당하기 어려운 가족의 병은 가족 외의 제삼자가 중재할 수 있기 때문이다.

나는 그의 태도를 '선의의 무관심'으로 해석한다. 보통의 무관심은 차가운 대응이지만 가까이 있어 주면서도 아무것도 묻지 않는 것은 분명히 '선의의 무관심'이다.

우리의 결혼식

나는 결혼식 날, 살짝 불룩해진 배를 하고 웨딩드레스를 입었다. 남편이 36세, 내가 34세 때였다. 그렇게 약간 늦은 제2

189

같은 가치관을 가진 나의 남편

의 인생이 드디어 시작되었다. 그리고 반년 후에 아들이 태어났다. 내가 남들처럼 온전한 가정을 꾸리고 엄마가 되었다는 사실은 아무리 생각해도 꿈만 같았다.

처음 시댁 식구를 만났을 때, 나는 그들의 밝은 분위기에 참 많이 놀랐다. 우리집에는 '다른 사람에게 말해선 안 돼. 이건 입 밖에 내서는 절대 안 돼' 하는 비밀들이 참 많았다. 그런데 시댁에는 그런 불쾌한 긴장감이 전혀 없었다.

'그래, 이게 바로 평범한 가족이구나' 하고 '평범한 것들' 하나하나에 놀랐고, 나도 이제는 '그 평범한 가족'의 일원이 될 수 있다는 사실에 너무도 감사했다.

그렇지만 엄마의 병만큼은 도저히 시댁에 말할 수 없었다. 언젠가는… 하고 생각하면서도 결국 말하지 못한 채 결혼했고 그렇게 28년이라는 세월이 지났다. 다행히 시댁 식구는 모두 좋은 사람들이어서 엄마에 대해 솔직히 말했어도 받아들여 주었을 것으로 생각한다. 단지 내가 겁을 냈던 것뿐이다.

그동안 '결혼은 연애와 달리 집안끼리의 만남이다. 그러나 우리집은 정상적인 가정이 아니다'라는 생각에 사로잡혀 있었다. 나와 같은 환경에서 성장한 사람은 이런 생각 때문에 살면서 미리 겁을 내는 부분이 있다.

남편 말을 들어보면 시댁에서도 눈치는 챈 것 같은데 나에게는 아무것도 묻지 않았다. 이것 역시 '선의의 무관심'이다.

시댁 식구 모두에게 감사한 마음이다.

결혼식은 모교가 있는 시즈오카에서 올렸다. 결혼식에는 아버지와 새어머니가 참석했다. 새어머니는 예복 차림으로 아버지 옆에 서 있었다. 나는 그녀에게 '어머니'라는 호칭으로 고마움의 인사를 대신했다. 그것이 격식과 체면을 의식하는 아버지에 대한 효도라고 생각했다. 아버지는 내가 의사가 되는 것을 누구보다 응원해 준 분이기 때문이다. 아버지의 도움으로 대학에 다니고 의사가 될 수 있었다. 세상에는 아무리 노력해도 꿈을 실현하지 못하는 사람도 많지 않은가. 그에 비하면 나는 운 좋은 사람이었다. 아버지와는 갈등이 많았지만 결혼식을 계기로 일단락되었다고 생각했다.

결혼식을 올리고 나서 1년 후, 아버지는 식도암으로 돌아가셨다. 아버지 생전에 마음에 드는 결혼식을 보여드릴 수 있어서 참 다행이었다.

우리는 신혼 여행지를 홋카이도로 정했다. 식을 올리고 바로 홋카이도로 날아가 홀로 지내는 엄마를 찾아갔다. 그날, 새로운 가족이 된 우리 세 사람은 작은 축하 파티를 열었다.

그것이 엄마에게 보여주는 결혼식이었다. 시즈오카에서 올린 결혼식에 대해서는 말하지 않았다. 엄마는 내가 드레스를 입은 모습은 보지 못했지만 보고 싶다고도 말하지 않았다.

같은 가치관을 가진 나의 남편

결혼 후에도 남편은 여전히 '외면은 나쁘고 내면은 좋은 사람' 그대로였다. '아버지', '남편' 하면 방탕한 생활로 아내와 딸을 돌보지 않았던 아버지밖에 떠오르지 않았는데 남편을 보면서 '세상에 저런 좋은 남자가 있다니!' 하고 감탄할 따름이었다.

임신 중에는 엄마 얼굴이 떠올라 많이 힘들었다. 그것도 가장 증상이 심할 때의 얼굴만 떠올랐다.

'태어날 아기가 엄마 같은 정신병에 걸리면 어쩌나' 하고 두려워하는 나에게 남편은 "괜찮아! 사랑으로 키우면 착한 아이로 자랄 거니까" 하고 수백 번 같은 말로 다독여주었다. '사랑으로 키우면 병에 걸리지 않는다'는 표현을 쓰지 않은 것도 고마웠다.

아이가 태어난 후, 남편은 '한 집안의 가장으로서 아내와 자식을 지킨다'는 의식이 강해졌다. 다행히 무사히 출산했지만 나에게는 산후조리를 해줄 친정이 없었다. 홋카이도의 엄마 집에서는 도저히 그럴 상황이 못 됐고 그렇다고 새어머니에게 부탁할 수도 없었다.

병원에서 집으로 퇴원하자마자 난생 처음 경험하는 육아가 시작되었다. 외동으로 자란 나는 갓난아기를 안고 어떻게 해야 할지 몰라 당황했는데, 남편은 세상의 엄마들이 무색할 정도로 온 정성과 열의를 다해 아기를 키워주었다.

아기와 함께 있을 때, 남편은 정말 행복해 보였다. 그는 늘 "이제야 나에게 진정한 평화가 왔다"고 말하며 진심으로 기뻐했다. 남편은 건강한 가정에서 자랐지만 성격이 내성적이고 예민한 부분이 있어서 아무하고나 교류할 수 있는 사람은 아니었다. 그런 이유로 10대와 20대 때는 힘든 시간을 겪기도 했다.

남편은 스스로 '이런 성격으로 가정을 갖는 것은 무리'라는 생각도 했고, 36세에 결혼하기 전까지 가족이 함께 있는 모습을 보면 '저런 평화가 나에게도 찾아올까' 하며 내심 부러워했다고 한다.

나도 남편도 각자 나름의 지독한 갈등을 겪으며 살아왔기 때문에 '평범한 행복'의 고마움을 너무도 잘 알고 있었다. 우리가 그런 가치관이 같아서 정말 다행이라고 생각한다.

둘째 아들이 태어나 4명으로 늘어난 우리 가족은 떠들썩하게 동물원과 유원지, 해수욕장을 찾아다녔다. 행복한 어린 시절을 꿈꿨지만 영원히 손이 닿지 않는 세계라고 생각했던 '평범한 가정'이 그때는 분명하게 내 손 안에 있었다. 그런 하루하루가 정말 꿈만 같았다.

병원 일과 육아, 집안일까지 병행하는 것은 무척 어려웠는데, 그걸 척척 해내는 것이 그렇게 당연한 게 아님을 잘 알기 때문에 심적으로는 그다지 힘들지 않았다. 나에게 가장 큰 고통은 '고독'이었기 때문이다.

그래서 남편이 5년간 미국에 유학했을 때는 나도 동행해서 전업주부로 지냈다. 그때까지 여성으로는 흔치 않은 의사라는 직업을 갖는 것으로써 세상으로부터 나를 지키는 일종의 갑옷을 입고 지냈는데, 그 기간 동안에는 나도 전업주부가 될 수 있다는 것이 무척 기뻤다.

아침에 남편과 아이들을 배웅하고 나면 집안일을 한 후, 이웃 아주머니들과 잠시 수다를 떨었다. 오후가 되면 아이들을 공원에 데려가 함께 놀고 저녁에는 식사를 준비하면서 남편의 퇴근을 기다리는, 정말 꿈처럼 평범한 나날을 보냈다. 그 시간들은 나에게 주어진 너무도 소중한 '평화'였다. 내 인생에도 이런 값진 시간이 주어진다는 사실에 진심으로 감사했다.

남편과 시작한 진료소

거북 씨의 '스스로 온천 입원'만큼 쾌적하다고는 할 수 없지만 일본에도 내과나 외과 입원처럼 문턱이 낮은 정신과 입원 병원이 있다.

남편과 내가 시작한 유상(有床) 진료소(19병상 이하로, 외래 및 입원

의료를 하는 소규모 의료 시설)'도 그중 하나다. 2000년에 우리는 현기증이 날 정도로 많은 빚을 냈다. 그렇게 해서 유상 진료소(야키쓰베노미치 진료소)를 개설했다.

우리 부부가 진료소를 시작한 이유는 서로 다르지만 '자신이나 가족이 입원해도 좋다고 생각될 만한 병원'을 만들고 싶은 것이 내가 생각하는 가장 큰 이유였다.

나는 두 번이나 자살을 시도한 적이 있다. 첫 번째는 가족도 친절하게 돌보며 대해주었지만 두 번째는 연수의 상태에서 시도한 것이었기 때문에 아버지는 무섭게 화를 내며 "적당히 좀 해! 어떻게 해서 의사가 됐니. 죽기 살기로 공부해서 된 의사가 아니냐. 정말이지 너무 한심하구나! 정신 좀 차려! 모든 걸 잃고 싶은 거냐?" 하며 소리를 질러댔다.

아버지는 그때 "또 그러면 그때는 정신병원에 입원시킨다!"고 마지막으로 경고했다.

그러자 정신병원에 입원해 있던 엄마의 말이 떠올랐다.

"정신병원은 꼭 동네 외곽에 세워진 거대한 묘비 같아."

아버지와 엄마의 말은 내 세 번째 자살 시도를 막는 강력한 제어장치가 되어주었다. 그렇게 쓰디쓴 내 경험을 통해 어떻게든 '자신이나 가족이 입원해도 가슴이 무너지는 고통을 겪지 않는 정신병원'을 만들고 싶었다.

예전에 근무했던 어느 정신병원은 바로 옆에 쓰레기 소각장이 있었다. 여름이면 종일 악취가 났고 초파리가 떼를 지어 날아다녔다. 아무리 생각해도 쾌적하다고 할 수 없는 환경이 어서 원장에게 왜 이런 곳에 병원을 지었는지 물었더니 "땅을 살 수 있는 곳이 거기밖에 없었다"는 대답이 돌아왔다. 그렇게 동네에서 떨어진 외진 장소에 쓰레기 소각장과 정신병원이 나란히 서 있었다.

'환자들이 살고 있는 동네에 부담 없이 입원할 수 있는 시설을 만들고 싶다!'는 생각에 남편과 둘이서 주택가 한가운데에 진료소를 지었다. 진료소를 둘러 본 한 분은 "정신병원을 주택가에 짓다니?" 하고 무척 놀랐는데, 이렇게 다른 진료과에서는 당연한 일이 정신과에서는 놀랄 일이 되는 것이다.

이쯤에서 나에게 가정의 행복을 가져다준 남편의 사진을 공개하고 싶지만 남편이 딱 잘라 거절했기 때문에 그의 사람됨이를 알 수 있는 간략한 글로 대신한다.

내가 잡지에 연재했던 기사 가운데 남편이 자신의 생각을 밝힌 부분이 있다. 그 일부를 발췌한다.

정신의료를 단순히 EBM(evidence, 증거, 근거 등)에 따른 진단과 투약으로 증상을 완화하는 의료로만 생각한다면 정신과·심료내과의 유상 진료 시설은 필요하지 않다.

여기에 입원해 있는 사람은 '의료'보다 '치유'를 필요로 하기 때문이다. 그것은 기거를 같이 해야 비로소 실감할 수 있다. (중략) 사람들 속에서 상처 입은 사람이 회복하기 위해서는 사람과의 관계 속에서 '치유'가 필요하다.

유상 진료소의 치료적 의의는 섬세한 진료와 다채로운 수법에만 있는 것이 아니다. 오히려 의사, 스태프 등의 의료 관계자와 함께 환자들 사이의 관계, 때로는 부정적인 관계성조차 치료적인 의미를 가지고 있다. (중략) 입원한 진료소를 '안심감과 거처'라는 긍정감으로 느끼기 시작해야 환자의 '회복'이 시작된다. 그리고 결국에는 '야키쓰베노미치 진료소 졸업생'으로서 사회에 나가 생활하고, 지쳐서 힘들면 '거처'가 그리워져서 데이케어를 찾아온다.

〈정신과 임상 서비스〉 제14권 4호

이것이 진료소가 문을 연 지 16년, 사무장 겸 원장으로 하루 24시간 바쁘게 일해 온 남편의 생각이다. 국가의 살림을 생각하면 진료비 인상은 기대할 수 없어서, 언젠가 정신과의 유상 진료소는 절멸할 거라는 각오 하에 '유상 진료 시설의 정신만큼은 알리고 싶다'는 의지의 제언이었다.

이제 결혼한 지 30년이 다 되어간다. 그 사이에 엄마의 상태가 자주 불안정해져서 원장을 맡고 있는 바쁜 남편을 성가

같은 가치관을 가진 나의 남편

시게 한 적도 많았는데, 그는 그런 엄마를 한 번도 나쁘게 말한 적이 없었다. 엄마가 돌아가신 지금, 남편에게 깊이 감사한다.

이제는 성인병을 걱정해야 할 나이가 된 남편이 우리 가족을 위해, 그리고 정신과 의료를 위해 부디 아프지 않고 오래 살아주기를 소망한다. 나와 가정을 일궈준 남편, 아이들에게 감사하는 마음을 담아 앞으로도 나는 영원히 그들을 사랑하며 함께 살아갈 것이다.

어머니와 아버지에게 드리는 편지

　지금까지 나를 빛으로 비춰준 사람들, 그 빛을 받아 내가 성실한 인생을 살 수 있게 된 과정을 털어놓았다. 그러나 나에게 가장 큰 영향을 준 것은 당연히 엄마였고, 엄마와 아버지의 관계였다.

　엄마와 아버지에게 받은 빛은 비록 밝고 따뜻하지는 않았다고 해도 어쨌건 그 빛을 받았기 때문에, 그 후에 내 인생에서 만난 사람들의 말이 내 마음에 오롯이 전해진 것이라고 생각한다.

　이번 장은 내가 회복한 모습을 보지 못하고 돌아가신 엄마와 아버지에게 '나는 이제 땅에 탄탄히 뿌리를 내리고 잘 살고 있어요. 나는 지금 참 행복해요'라는 것을 알리기 위해 두 분께 드리는 편지다.

엄마께

엄마가 아버지와 이혼하고 나서, 나는 참 오랫동안 엄마를 만나지 않았어요. 그 사이에 엄마에게는 말하지 못한 수많은 일들이 나에게 일어났지요.

의대생일 때는 숱하게 자살을 시도해서 엄마처럼 정신과에 다녔어요. 정신과 약을 먹는 것이 얼마나 힘든 일인지 내가 먹어보고 나서야 비로소 알게 되었죠. 엄마가 왜 약을 먹지 않고 버렸는지, 진심으로 이해해요. 정신과 의사로서 무척 고통스러운 시간들이었지만 돌이켜보니 소중한 경험이었다는 생각이 들어요.

그 외에도 나는 술에 절어 지냈고, 자해를 하고, 종교도 가져보고, 많은 것을 해봤지만 마음은 좀처럼 안정이 되지 않았어요. 어릴 적부터 나는 '금세 깨져버릴 것 같은 가족' 안에 있었기 때문이에요.

나는 엄마, 매일 '이젠 제발 사라져버리고 싶다'고만 생각했어요. 그런데 서른이 지났을 무렵부터 좋은 사람들을 만나게 되었고 차츰 달라질 수 있었어요.

처음으로 친구가 된 스미짱. 그녀는 내게 "기어서라도 살아가라!"고 말했죠. 스미짱도 혼자 외롭게 살았어요. 엄마도 평생 그랬겠죠. 스미짱의 삶을 보면서 비로소 엄마가 가진 병 이외의 면, 힘든 세상을 살아남은 엄마의 강인함을 알게 되었어요.

그리고 엄마를 다시 만나게 해준 하나마치 여인. 엄마에게 그녀를 소개했을 때 "저 사람, 상당히 특이하다"고 말하셨죠. 엄마가 자신을 '특이한 사람'이라고 말한 걸 알면 그녀가 어떤 반응을 보였을까 생각하니 조금 웃음이 나올 것 같아요.

나에게는 엄마가 '세상에서 가장 특이한 사람'이었으니까요. 나쁜 의미가 아니라, 엄마는 다른 사람은 의식하지 않고 완전히 자기만의 삶을 산 사람이었어요. 제가 만난 사람들도 모두 흔들리지 않는 자아를 갖고 있어서 주위에 휩쓸리지 않고 자신의 삶을 소중히 산 사람들이에요.

그리고 진심으로 가정을 지켜주는 멋진 남편을 만나서 나도 '엄마'가 될 수 있었어요. 엄마를 닮았는지 요리에는 전혀 소질이 없지만 아들이 친구에게 "우리 엄마는 참 자상하거든"이라고 말하는 것을 듣고 얼마나 기뻤는지 몰라요.

그렇게 좋은 엄마는 아니지만 나는 누구보다 가정의 소중함과 평범한 일상의 행복을 알게 되었어요. 이런 깨달음을 가져다 준 내 인생의 많은 만남에 나는 늘 감사해요.

그리고 5년 전, 엄마와 나에 대한 이야기를 책으로 공개했어요. 하늘에서 보고 엄마가 어떻게 생각하셨을까… 궁금해요.

엄마, 모든 것을 공개하고 나서부터 나는 달라졌어요. 그전에는 내 인생을 참 '형편없는 것'이라고 생각했죠. 의사가 되어서도 자존감이 낮고 매사에 자신감이 없었는데, 공개 후 많은 사람이 내 이야기를 듣기 위해 강연회에 와주었어요.

'강연을 듣고 살아갈 용기를 얻었다', '나도 이제부터 열심히 노력하겠다'는 편지도 1천 통 넘게 받았어요. '내 인생도 의미가 있구나' 하고 느꼈지요. 그제야 내 존재를 스스로 인정할 수 있었어요.

엄마와 같은 병을 앓는 거북 씨도 알게 되었어요. 그의 삶을 통해 세상 사람들이 생각하는 행복과는 조금 다른 마음의 행복도 있다는 것을 배웠어요.

거북 씨는 시를 써요. 그의 시를 읽고 엄마가 남긴 시집을 펼쳐보았어요. 시에는 단순히 아름답다, 예쁘다고 노래한 것이 아니라 엄마의 기백이 느껴졌어요. 엄마, 그래도 조금은 행복하셨군요….

누군가에게 말을 하고, 그것을 진지하게 들어주는 상대의 모습을 보는 것으로도 사람은 치유된다는 것을 실감해요. 나중에 엄마가 계신 곳에 가면 그때는 엄마와 실컷 이야기를 나누고 싶어요. 이번엔 엄마 이야기를 모두 들어드릴 테니 마음껏 말씀해 주세요.

어떤 사람이 "어머니에 대한 기분을 한마디로 말하면요?" 하고 물었을 때, 나는 곧바로 "존경입니다" 하고 대답했어요. 어릴 때는 무서웠던 엄마, 10대와 20대 때는 혐오의 대상이었던 엄마, 결혼해서 아내가 되고 엄마가 되어서는 줄곧 '잊고 싶은 사람'이었던 엄마…. 그런 엄마가 지금은 세상에서 가장 존경할 수 있는 사람이 되었어요….

이렇게 생각할 수 있게 해준 내 인생의 많은 만남에 감사해요. 나를 다시 일어설 수 있게 바꿔놓은 것은 완전히 '사람의 힘'이에요.

마지막으로, 내 자살 시도를 멈추게 하고 파멸의 길로 폭주하는 모든 행위를 멈추게 한 것은 큰어머니 덕분이에요. 어릴 적에 친자식처럼 품어주신 큰어머니는 내가 회복하는 데 밑거름이 되어주셨어요.

지금까지 나에게는 엄마의 존재가 너무 강렬해서 엄마가 돌아가신 후에도 여전히 엄마가 내 인생의 주인공처럼 느껴져요.

그런데 '나의 인생', '나의 생활방식'에 많은 사람이 관심을 갖고 '당신의 이야기를 더 듣고 싶다'고 말해 주고 있어요. 이제야 '내가 내 인생의 주인공'이라는 생각을 가질 수 있게 되었어요. 이제는 더 이상 엄마 얼굴이 '무서운 귀녀'로 보이지 않아요.

강연회에서 엄마에 대해 말할 때면 나는 엄마가 손수 만들어준 정장을 입어요. 집이 가난해서 자신의 피를 팔아 쌀을 샀던 엄마. 옷도 살 수 없어서 엄마는 뭐든 직접 만들어 입었죠. 옛날에는 그런 엄마가 한없이 미웠지만 지금은 엄마에게 미안함을 느껴요.

지금은 '엄마가 내 엄마라서 행복하다'는 마음으로 정장을 입어요. 더 이상 엄마를 외면하지 않고 엄마와 마주보며 한 여성으로서 자신감을 가진 채, 엄마가 만들어준 정장을 입고 있어요.

엄마, 하늘에서도 이런 내 모습이 보이나요?

아버지에게 드리는 짧은 편지

아버지가 62세에 돌아가셨으니까 벌써 27년이 지났어요. 큰아이를 낳고 반년 후였죠.

결혼하겠다고 말씀드리러 갔을 때 아버지는 "네가 정말 엄마가 될 수 있겠냐?"고 물으셨죠. 나는 지금 두 아이의 엄마가 되었어요. 남편과 둘이서 열심히 키웠지요. 두 아이 모두 사랑스런 아이로 자라주었어요.

아버지와 엄마가 함께 살았던 때는 늘 싸움만 했죠. 그래서 나는 한때 굉장히 거칠었어요. 그러나 그 후 나는 아버지가 모르는 많은 사람들을 만날 수 있었어요. 그들의 손을 빌려 한 걸음 한 걸음 회복으로 향하는 계단을 오를 수 있었어요.

평범함, 아무렇지 않은 일상의 소중함, 가망은 없어도 회복을 믿고 기다리는 것…, 그렇게 많은 것을 그들로부터 배웠어요. 그래서 이제 나는 내 손으로 어렵게 잡은 이 행복을 절대 놓치지 않을 거예요.

내가 의사가 될 수 있었던 것은 아버지 덕분이에요. 아버지가 나를 대학에 보내주셨죠. 유능한 의사는 못되었지만 나는 끝까지 '마음을 담아 진료할 수 있는 의사'가 되고 싶어요. 그것이 나를 도와준 사람들에 대한 보답이고, 그 누구보다 아버지가 가장 기뻐해 주시리라 믿어요.

이쿠코는 행복합니다.

안심하고 지켜봐 주세요.

사람은 사람과의 만남으로
달라질 수 있다

바쁜 하루를 보내고 잠자리에 들기 전의 짧은 휴식 시간. 그리운 사람들의 사진을 보는 것이 요즘 내 일과다. 액자 속 사진에는 돌아가신 조부모님과 아버지, 엄마, 시부모님, 스미 짱, 애견 고로의 건강한 모습이 생생히 담겨 있다.

평소와 다름없는 날, 아무렇지 않은 평범한 날을 오늘도 무사히 보낼 수 있었다는 것에 평온한 행복을 느낀다. 나도 이렇게 평화로운 시간을 보낼 수 있다는 사실이 정말 꿈만 같다. 30년 전에는 나에게 이런 미래가 기다리고 있을 거라고는… 정말 상상하지 못했다.

대학에 입학했을 때도, 동급생 백 명의 얼굴을 보며 '분명히 나는 이 중에서 가장 불행한 사람이 될 거야'라고 생각했다. 열심히 공부한 끝에 합격한 의학부의 영광스러운 입학식에서조차 나는 그런 생각을 하고 있었다.

　희망에 넘쳐야 할 자리인데도 그렇게까지 절망적인 생각을 한 것은 지울 수 없을 만큼 강렬했던 나의 과거 때문이다. 과거의 사실은 그것이 좋은 체험이든 나쁜 체험이든 압도적인 힘으로 사람을 바꿔버린다. 사실만큼 큰 충격을 주는 것은 없다.

　나는 미래에 대한 절망뿐 아니라 불행과 슬픔에 대해 지나치게 예민하고 부정적인 사고를 가진 인간이었다. 슬픔과 불행은 갑자기 찾아온다고 믿었다. 마치 허를 찌르듯 불행과 슬픔은 불시에 덮쳐온다는 사실을 나는 어릴 때부터 몸에 배어 알고 있었다. 그래서 평화로운 시간 속에 있는 나를 도저히 상상할 수 없었다.

　끝없이 이어지는 인생의 외길 저 끝에는 엄청난 불행이 턱하고 자리를 잡고 앉아 나를 기다리고 있을 것만 같았다. 나는 늘 위태로운 길 위에서 꼼짝도 못 하고 불안에 떨며 살았다. 죽으면 다른 길로 나아갈 수 있을 것 같아서 늘 죽음을 동경했다.

　그렇게 아무런 희망도 갖지 못할 만큼 절망적이었던 내가

50세가 넘어 '인생은 참 멋진 것이다!'라고 말할 수 있게 된 것은 그 외길 곳곳에서 만난 사람들 덕분이다.

그러나 처음에는 그들의 모습이 보이지 않았다. 그저 끝없이 불행으로 이어지는 외길만 눈에 들어왔다. 그 길을 터벅터벅 걷던 중에 작은 샛길을 발견했다. 두려워하면서도 무언가에 이끌리듯 그 길로 들어서자 거기서 만난 사람들이 조용히 손을 내밀어주었다.

'사람은 사람으로 사람이 된다.'

이 책의 제목은 평론가 구사야나기 다이조의 《오전 8시의 메시지 99화 - 의미 있는 사람을 만들기 위해》에 나온 말이다. 이 책에는 실력 있는 경영자로 알려진 미와 노부이치가 한 말로 소개되어 있다. 그는 늘 사람을 만나고 공부하는 사람이다.

사실 나는 이 말을 책이 아닌 다른 곳에서 알았다. 당시는 아직 자신의 성장을 사람들에게 공개하기 전으로, 사람들과의 거리를 좁히지 못했을 때였다. 그래서 무의식적으로 다른 의미로 바꿔 이해했다.

'사람은 사람(의 말)으로 망가진다.'

부모님의 언쟁과 엄마가 망상으로 쏟아내는 폭언, 학창시절 친구들의 집요한 괴롭힘…. 인간이 내뱉는 말이 얼마나 사람에게 상처를 주는지 나는 잘 알고 있었기에 너무 힘들었다.

'사람의 말은 사람을 죽인다.'

나는 그렇게 제멋대로 해석했다. 그 당시 나에게는 그것이 진실이었기 때문이다.

그랬던 내가 놀랄 만큼 달라졌다. 엄마의 존재를 공개한 후 만난 사람들이 내 마음을 바꿔주었다. 사람이 하는 말은 따뜻하다는 것을 처음으로 깨닫게 됐다. 그러고 나서야 '제대로 된 인간'이 될 수 있었다.

'사람은 사람으로 진정한 사람이 된다.'

이제는 진심으로 그렇게 생각하게 되었다.

나에게는 평생 잊지 못할 슬픈 기억 한 조각이 있다.

오랜만에 엄마를 다시 만난 날이다. 세상이 얼어붙을 것처럼 추웠던 홋카이도의 어느 겨울날, 엄마를 찾아갔을 때 집은 쓰레기로 발 디딜 틈이 없었고 난로까지 고장 나 있었다. 추워서 덜덜 떨고 있는 나를 보고 엄마는 벽장에서 작은 전기난로를 꺼내 가까이 오라고 손짓했다. 그러나 나는 엄마 옆에 앉기가 망설여졌다. 엄마는 슬픈 얼굴로 나를 바라보며 "엄마가 기분 나쁘니?" 하고 물었다.

30년이 지난 지금도 그때를 생각하면 눈물이 난다. "아니에요" 하고 말해 주었다면 좋았을 것을…. 엄마가 돌아가신 지금도 그 순간이 너무도 후회스럽다. 그러나 그때는 정말로 엄마가 한 말 그대로였다. 엄마의 혼잣말, 거짓 웃음, 괴성, 이웃의 조롱…. 10년이 지나도 그런 것들을 조금도 잊을 수 없었다.

그러나 지금이라면, 평화로운 세계를 알게 된 지금이라면 엄마 옆에 다가갈 수 있다. 현기증이 날 만큼 긴 시간이 지났지만 어릴 적 엄마와 나란히 손을 잡고 걸었던 때의 구김살 없던 기분을 지금이라면 느낄 수 있다. 내가 만난 사람들의 배려 덕분에 엄마를 '내 소중한 엄마'로 받아들일 수 있었다.

나는 이제 제대로 된 인간이 되었다.

불행, 혼자 힘으로는 어쩔 수 없는 어려움이 닥쳤을 때, 사람은 그것이 끝없이 계속된다고 생각한다. 하지만 거기에는 작은 샛길이 있다.

이 책에서 소개한 사람들과 만날 수 있었던 것은 내가 행동했기 때문이다. 그것은 앞이 보이지 않는 상황에서 사실 어떤 기대나 희망도 없이 한 행동이었다.

호스피스 시설에서의 경험을 갖게 된 것은 한 번도 본 적 없는 가시와기 선생님께 '만나 달라'는 편지를 보냈기 때문이다. 스미짱을 만날 수 있었던 것은 체조 교실에 다닌 것이 계기가 되었다. 남편을 만나고 결혼까지 하게 된 것도 그림 교실에 다녔기 때문이다.

'당신은 행동할 수 있는 에너지가 있는 사람이라 가능한 거다'고 생각하는 사람도 있을지 모른다. 그런 사람은 3장에서 유키 씨가 나를 처음 봤을 때의 장면을 읽어보기 바란다. 만화가의 예리한 눈은 나를 '당장이라도 사라질 것 같은 사람'으로 묘사했다. 그만큼 나는 생기라고는 전혀 없는 사람이었다.

그런 내가 행동할 수 있었던 것은 길고 긴 우울한 시간을 거쳤기 때문이다. 길고 어두운 터널을 지나면서 시기가 무르익듯 '필사적'이 되었기 때문이다. 처음에는 그림 교실에 가는 날이 되면 불안해서 가슴이 두근거리고 손발이 차가워졌다. 가기 전에는 매번 '아, 내가 왜 다니자고 했을까' 하고, 으레 그렇게 후회했다. 사람을 만나는 것이 너무 무서웠다.

무사히 집에 돌아올 수 있을까…. 그 당시의 나는 고작해야 그림 교실에 가는 것도 죽을힘을 다해야 했다. 무거운 마음으로 다리를 질질 끌며 그야말로 억지로 그림 교실에 다녔다. 그런데 막상 그림 교실에 가면 친절한 아저씨들이 반겨주었다. 하지만 가기 전까지는 정말 힘들었다.

그렇게 필사적으로 다니면서 완성한 그림은 정말 사랑스러웠다. 그래서 소중한 그림을 병원 복도에 걸어놓았다. 다른 사람의 칭찬을 듣겠다는 생각은 전혀 없었다.

다른 사람은 이해 못 하겠지만 그때 '나는 필사적으로 이 그림을 그렸다'고 분명하게 말하고 싶었다. 그러자 환자들이 그림을 보아 주었다. 얼마나 기뻤는지! 그리고 미래의 남편도 내 그림에 관심을 가졌다.

'만남은 이렇게 해서 만들어지는구나!'

그때 그렇게 생각했다.

앞이 보이지 않아도 일단 한 발자국 내디뎌본다…. 내가 '인생은 멋지다!'고 말할 수 있게 된 것은 '앞이 안 보이는 상황 속에서 필사적으로 내디딘 한 발자국' 덕분이다. 한 발자국 내디딜 수 있었던 것은 오랜 절망적인 시간이 가져다준 에너지 덕분이었을 것이다.

이상한 예일 수도 있지만 '절약 피로'라는 말을 소개하고 싶다. 항상 돈을 절약하면 어느 순간에는 그 반동으로 돈을 쓰고 싶어진다. 평소와 다르게 자신에게 작은 사치를 허락했을 때, 돈은 썼지만 '다시 노력하자'는 기분으로 열심히 저축할 수 있다.

마음의 에너지도 이와 비슷하다. 오랜 시간 어두운 터널 속에서 꼼짝 못 하고 있으면 에너지의 절약 피로가 찾아온다. 마치 안개가 걷히듯 이상하게 움직이고 싶어진다.

그 작은 변화를 소중히 여겨 용기를 갖고 한 발자국 내디뎌 본다. 그것이 한때뿐이라고 낙담하지 말고 의미를 가지면 다시 한 발자국 앞으로 이어갈 수 있다.

하나의 만남이 다른 만남을 불러온다. 한 발자국 움직인 것만으로도 보이는 세계는 달라진다.

'시간이라는 약'은 누구에게나 공평하게 주어진다. 부자에게도, 가난한 사람에게도, 젊은이에게도, 나이 든 사람에게도 시간은 공평하게 흘러간다. 행복의 절정 속에서 '시간이 멈추기를' 바라는 사람에게도, 그 반대인 사람에게도 시간은 공평하게 확실히 흘러간다.

거북 씨는 "행동을 하자. 작은 것부터 시작하자"고 했다. 이 짧은 문장을 말할 수 있게 되기까지 그는 얼마나 많은 시간을 보냈을까. 이 문장과 함께 그의 긴 시간의 무게가 전해진다.

지금 '불행으로 이어진 외길'에 멈춰 선 사람이 있다면 꼭 이 책을 읽어주었으면 좋겠다. '인생의 문이 조금씩 닫히는 것 같은 답답한 시간'을 보내는 사람도 있을 것이다. 아무리 열심히 걸어도 '인생의 문이 요란한 소리를 내며 닫혀버리는' 그런 인생은 정말 있다. 그것은 겪는 이에게 정말 견뎌내기 힘든 엄청난 절망을 안겨 준다.

그러나 부디, 참고 버텨주기 바란다. 그런 때는 잠깐 멈춰 서서 시간을 보내는 것이다. 현기증이 날 만큼 긴 시간이 필요할 수도 있다. 하지만 그것은 '시간의 약'으로 바뀔 수 있다. '시간의 약'이 효과가 나타날 때, 조금씩 힘을 주어 문을 밀면 어느 순간 그 문은 활짝 열리게 된다. 사실이다.

당신 곁에도 당신이 미처 눈치 채지 못한 누군가가 조용히 서 있을지도 모른다. 지금은 당신과 아무 관계도 없는 사람처럼 보이지만 그렇지 않다.

사람은 과거가 아니라 지금 만난 사람에게 영향을 받으며 살아간다. 분명히 사람은 사람과의 만남으로 달라질 수 있다.

엄마와 나의 이야기를 공개함으로써 좋은 점도 많았다. 가장 기쁜 것은 환자와 그 가족 가운데 나에 대해 알고 나서 정신보건 복지사나 간호사가 되기 위해 공부를 시작한 사람이 있다는 것이다.

그런 사람이 많이 생기면 환자에게 '정말 필요한 정신과 의료'가 실현되는 날이 올 것이다. 고마운 사람들의 빛을 받아 여기까지 온 나. 지금 나는 비록 보잘 것 없지만 누군가를 비추는 빛이 되었다. 이런 날이 오리라고는 지난 날, 전혀 상상하지 못했다.

나는 앞으로도 누군가의 빛을 기꺼이 받고, 또 누군가에게 빛을 비추면서 나의 길을 걸어갈 것이다.

이 책이 나오기까지 도움을 준 많은 분들에게 감사의 인사를 드린다. 그리고 나의 최대 지지자이며 영혼의 친구인 남편에게 깊은 감사와 사랑을 전한다.

마음의 병을 앓은 정신과 의사가
힘든 인생들을 위해 쓴 치유 관계학

사람은 사람으로 사람이 된다

초판 1쇄 발행 2019년 2월 25일
초판 2쇄 발행 2020년 4월 20일

지은이 나쓰카리 이쿠코
옮긴이 홍성민
외부 기획 홍성민
디자인 정계수

펴낸이 김현숙 김현정
펴낸곳 공명
출판등록 2011년 10월 4일 제25100-2012-000039호
주소 121- 904 서울시 마포구 월드컵북로 400. 문화콘텐츠센터 5층 7호.
전화 02-3153-1378 | 팩스 02-3153-1377
이메일 gongmyoung@hanmail.net
블로그 http://blog.naver.com/gongmyoung1
ISBN 978-89-97870-34-9 03180

이 도서의 국립중앙도서관 출판시도서목록(CIP)은 서지정보유통지원시스템
홈페이지(http://seoji.nl.go.kr)와 국가자료공동목록시스템(http://www.nl.go.kr/kolisnet)에서
이용하실 수 있습니다. (CIP제어번호: 2019004223)